praxis

Geld
Finanzielle Allgemeinbildung

Arbeitsheft

Herausgeber
Hans Kaminski

Autoren
Stephan Friebel
Martina Raker

westermann

Bildquellenverzeichnis

akg-images GmbH, Berlin: 26.1; alamy images: 7.1 (Yadid Levy); Bildagentur Hamburg/F1online: U1 re. Mi.; BilderBox Bildagentur GmbH, Thening: 54.1; Bundesverband der Deutschen Volksbanken und Raiffeisenbanken, Berlin: 64.1; Deutsches Historisches Museum, Berlin: 66.2; Druwe & Polastri, Cremlingen/Weddel: 38.1; Dägling, Andreas, Wardenburg: 3.1, 6.1, 13.1, 14.1, 25.1, 36.1, 37.1, 41.1, 53.1; fotolia.com, New York: U1 (Roman Levin, Mellimage), 3.3 (Robert Kneschke), 4.1 (imageteam), 8.4, 18.2 (Kaarsten), 19.1 (jamesmawson), 22.1 (Kristan), 29.1 (Thaut Images), 34.1-4, 39.1, 40.1, 43.1 (Gina Sanders), 46.1, 48.1 (Robert Kneschke), 49.1 (JENS), 50.1, 56.1 (Kzenon), 58.1 (Franjo), 61.1, 68.1 (imageteam), 70.1 (Markus Langer), 71.1 (J. Lechner); Hübner, S., Wolfenbüttel: 28.1; InGestalt, Leipzig: 16.1; Intro-Foto, Berlin: U1 re. u. (Kiefer, Stefan); iStockphoto, Calgary: 35.1; Keystone Pressedienst, Hamburg: 27.1; laif, Köln: 4.1, 74.1; mauritius images, Mittenwald: 7.4; Möbel Hardeck, Bochum: 42.1; Picture-Alliance, Frankfurt/M.: 3.2 (dpa/dpaweb), 7.2 (ZB), 7.3 (Helmut Schaar/ZB-Fotoreport), 9.1 (Becker/Bredel), 11.1 (Globus-Infografik), 24.1 (Köhler), 27.2 (dpa/dpaweb), 67.1 (gms), 69.1 (dpa); Staatliche Münzsammlung München, München: 8.3; Stadt Braunschweig, Braunschweig: 32.1; ullstein bild, Berlin: 12.1 (Herrmann), 30.1; Westermann-Archiv, Braunschweig: 8.1, 8.2; Westermann Tegra, Braunschweig: 20.1, 51.1, 60.1, 63.1, 63.2; Zähringer, Arno, Hannover: U1 re. o.

Wir danken der Verbraucherzentrale Niedersachsen e. V. für ihre freundliche Unterstützung.

Für Lehrkräfte stehen die Lösungen unter www.westermann.de beim Artikel (116191 in das Suchfeld eingeben) als kostenfreier Download zur Verfügung.

Druck B [1] / Jahr 2016
Alle Drucke der Serie A sind im Unterricht parallel verwendbar.

Redaktion: Sylvia Bock
Herstellung: Andreas Losse
Umschlaggestaltung: Schreiber VIS, Joachim Schreiber, Seeheim
Innenkonzept: Denis Steinwachs, Braunschweig
Satz: AndersARTig Werbung & Verlag GmbH, Braunschweig
Druck und Bindung: westermann druck GmbH, Braunschweig

ISBN 978-3-14-**116191**-5

Symbole

B Texte, die alltägliche Situationen beispielhaft darstellen
I Informationen zum Text, z.B. zusätzliche Erläuterungen oder Worterklärungen

Das erste eigene Geld
Wenn du in der Ausbildung oder später im Beruf dein erstes eigenes Geld verdienst, stellen sich dir vermutlich etliche Fragen. Wie viel brauche ich, um meinen Alltag zu finanzieren? Bleibt danach etwas übrig? Und wie verwende ich das Geld? Du kannst dir dafür etwas kaufen oder es sparen. Reicht dein momentan verfügbares Geld für eine Anschaffung, z. B. ein Auto, nicht aus, gibt es die Möglichkeit, dieses über einen Kredit zu finanzieren. Teile des Einkommens sollten zudem für Versicherungsbeiträge verwendet werden, um Risiken wie Krankheit oder Berufsunfähigkeit abzusichern.
Die folgenden Kapitel greifen diese Themen auf. Sie sollen dich vorbereiten auf den Umgang mit dem eigenen Geld und dir Hilfestellungen bei seiner Verwendung geben.

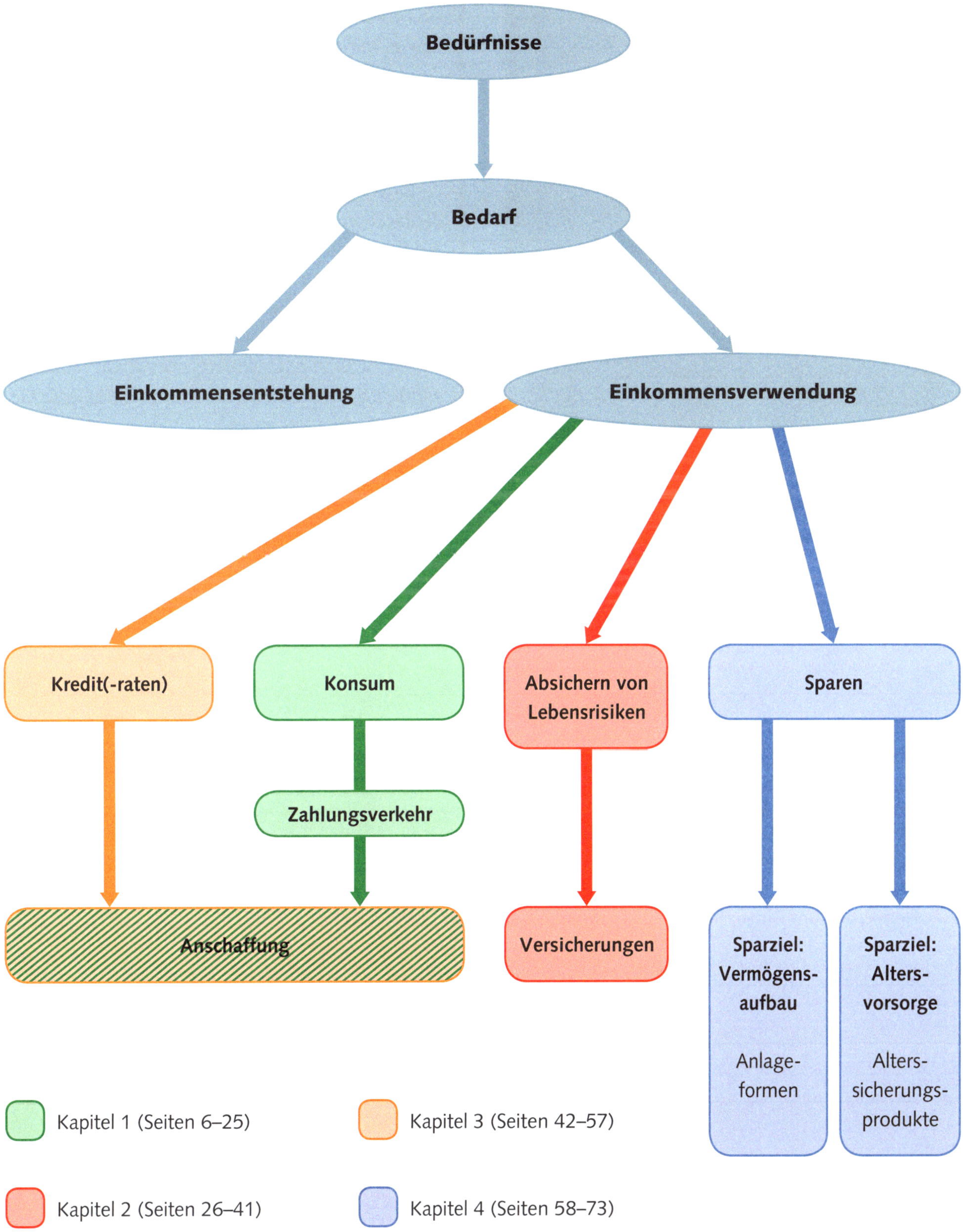

B Jan blickt trostlos auf seinen Kontoauszug. Es ist erst der 20. des Monats und er hat nur noch 30 Euro auf seinem Girokonto. Fürs Handy-Aufladen wird es locker reichen, aber der Discobesuch am Wochenende fällt für ihn wohl aus. Vielleicht muss er einfach ein paar mehr Stunden neben der Schule arbeiten. Etwas mehr Zeit hätte er ja. Oder er redet noch einmal mit seinen Eltern. Er hat schon lange keine Taschengelderhöhung mehr bekommen, und vor kurzem wurde erst das Kindergeld erhöht. Davon müsste er ja schließlich auch etwas haben.

Er könnte auch einfach etwas mehr darauf achten, wofür er sein Geld ausgibt. Die neue Kapuzenjacke diesen Monat wäre ja eigentlich nicht nötig gewesen, denn er hat schon genug Pullover. Nee, denkt er, die Jacke musste er kaufen. Aber sicherlich hätte er auf etwas anderes verzichten können. Jan fragt sich, wofür er eigentlich sein ganzes Geld in den letzten drei Wochen ausgegeben hat.

Vielleicht ist ja auch einfach alles etwas teurer geworden. Sein Vater erzählt schließlich bei jeder Gelegenheit, dass das so sei.

Oder sollte er einfach einmal versuchen, sein Girokonto zu überziehen? Dann wäre der Discobesuch am Wochenende gerettet.

1. Benenne deine Einkommensquellen.

____

____

____

____

2. Nenne die fünf Dinge, für die du am meisten Geld ausgibst.

1. ____
2. ____
3. ____
4. ____
5. ____

Ihr habt täglich viele Male in verschiedenen Situationen mit Geld zu tun: beim Einkaufen oder beim Geld abheben in der Bank. In der Zeitung und in den Nachrichten wird ebenfalls regelmäßig über Geld gesprochen und geschrieben. In diesem Kapitel sollt ihr erfahren, woher die privaten Haushalte Geld bekommen und wofür sie es verwenden. Ihr sollt erfahren, was eine Bank alles macht und woher sie eigentlich das Geld bekommt. Auch der Staat spielt beim Geld eine wichtige Rolle, indem er z. B. Regeln setzt.

1. Notiert, was die Bilder mit Geld zu tun haben.

Die Tauschwirtschaft

In einer Tauschwirtschaft wird Ware gegen Ware getauscht. Güter wie Vieh, Getreide oder Salz, die sich gut zum Tauschen eigneten, wurden zu einer Vorform des Geldes.

Die ersten Münzen

Die ersten Münzen wurden in Babylon geprägt. Sie waren aus Silber. Die Babylonier kannten zudem auch schon Bankhäuser und vergaben Kreditbriefe. Gegen Ende des 7. Jahrhunderts v. Chr. wurden auch in Kleinasien und Griechenland Münzen geprägt. Damals gab es auch die ersten „Weltwährungen". Die unter Alexander dem Großen (365–323 v. Chr.) geprägten Münzen besaßen im östlichen Mittelmeerraum (Mazedonien, Griechenland, Kleinasien, Babylonien, Syrien, Ägypten) Gültigkeit, was ihnen den Status einer Weltwährung einräumte. Gleiches galt für die von den Römern geprägten Münzen im westlichen Mittelmeerraum. Sie waren in Italien, Spanien, Frankreich, Nordafrika, dem südlichen Germanien und Großbritannien im Umlauf.

Das erste Papiergeld in Europa

Über das erste Papiergeld verfügten die Chinesen. In Europa setzte sich das Papiergeld erst Ende des 14. Jahrhunderts langsam durch. Die ersten Papierscheine wurden per Hand signiert.

Die Deutsche Mark (DM)

Am 21. Juni 1948 wurde in Westdeutschland die Deutsche Mark eingeführt. Über die Lebensmittelausgaben erfolgte die Erstausstattung der Bevölkerung mit der DM. Die neue Währung wurde sofort von der Bevölkerung akzeptiert. Zunächst gab es nur Geldscheine und zwar in Stückelungen zu ½, 1, 2, 5, 10, 20, 50 und 100 DM. Die ersten Münzen wurden erst später eingeführt; nämlich 1949 mit der Ausgabe der ersten Fünf- und Zehnpfennigmünzen. Sie waren aus Aluminium.

Die Einführung des Euros

Am 1.1.1999 wurde der Euro als gesetzliche Buchungswährung eingeführt. Am 17. Dezember 2001 gaben Banken und Sparkassen erstmals Euro-Münzen in Form eines sogenannten „Starterkits" heraus. Dieses konnten die Bürgerinnen und Bürger für 20 DM erhalten. Das „Starterkit" enthielt Münzen im Wert von 10,23 €. Seit dem 1.1.2002 ist der Euro die offizielle Währung in der BRD.

I

Starterkit

Das Starterkit ist ein Beutel mit Euro-Münzen. In Deutschland konnte man diesen am 17.12.2001 für 20 DM bei Banken und Sparkassen erhalten. Auch in den anderen Staaten, die den Euro einführten, waren die Starterkits zu bekommen. Die Bevölkerung sollte so an die neuen Münzen gewöhnt werden.

Die drei Geldfunktionen

1) Geld als **Zahlungsmittel**:
Geld erleichtert den Tausch unzähliger Güter und Dienstleistungen, die auf Märkten getauscht werden können.

2) Geld als **Recheneinheit**:
Die Güter, die in einer Volkswirtschaft erwirtschaftet werden, werden in Geldeinheiten ausgedrückt. Dadurch kann man sie wertmäßig erfassen und miteinander vergleichen. Das ist die einzige Möglichkeit, um das erwirtschaftete Sozialprodukt in einem Land zu ermitteln.

3) Geld als **Wertaufbewahrungsmittel**:
Oftmals liegt zwischen der Einkommensentstehung und der Einkommensverwendung ein längerer Zeitraum. Ein Konsument spart z. B. über einige Jahre einen Teil seines Einkommens, um sich später eine größere Anschaffung leisten zu können.
Diese Wertaufbewahrungsfunktion kann allerdings mit Problemen behaftet sein. Angenommen, 100 Euro aus dem Jahr 2007 sind im Jahr 2008 nur noch 90 Euro wert. Dann ist die Wertaufbewahrungsfunktion des Geldes erheblich eingeschränkt.

Geld hat drei Eigenschaften. Es ist
- allgemein anerkannt,
- wertbeständig, teilbar,
- leicht aufzubewahren, transportierbar.

1. Erörtere, welche Schwierigkeiten beim Einkaufen auftreten würden, wenn es kein Geld gäbe.

2. Erläutere die drei Funktionen des Geldes jeweils anhand eines Beispiels.

Buchungstag	Tag der Wertstellung	Verwendungszweck/Buchungstext	Buchungsnummer	Betrag
2912	3012	Voigt & Sohn GmbH Gehalt Dezember 10	849212	1545,34 +
3112	3112	Zinsen bis zum 31.12.16	423049	11,63 +
0201	0201	Miete, Frau Schröder, Januar '17	568099	468,00 +
0201	0201	Kindergeld, Anja Helms, Januar '17	259453	190,00 +
0201	0201	Honorar, Artikelerstellung, Wochenzeitung	233293	289,23 +

Kontoauszug

Welche sind Einkommensquellen der privaten Haushalte?

Einkommensart	Beschreibung	Beispiele
Einkommen aus unselbstständiger Arbeit	Dies sind alle Entgelte für Arbeitsleistungen, die von den Arbeitnehmern bei den Unternehmen oder dem Staat erzielt werden.	
Einkommen aus selbstständiger Arbeit	Dies sind die Einkünfte aus der Unternehmertätigkeit privater Haushalte. Das können zum einen die Gewinne eines Unternehmens sein, die dem Unternehmerhaushalt zufallen, zum anderen kann es sich jedoch um die Erlöse aus freiberuflicher Tätigkeit (z. B. freiberuflicher Journalist) handeln. Auch Mieteinnahmen zählen hierzu.	
Einkommen aus Vermögen	Alle Einkünfte aus Zinsen, Dividenden, Beteiligungen und Ertrag bringenden Guthaben aus Banken und Pachteinnahmen.	
Transfereinkommen	Alle Leistungen, die der Staat den privaten Haushalten ohne direkte Gegenleistung zukommen lässt. Beispiele hierfür sind Arbeitslosengeld, Sozialhilfe, Kindergeld sowie Renten- und Pensionszahlungen.	

1. Ordne die Einkommen, die auf dem Kontoauszug verzeichnet sind, der entsprechenden Einkommensart zu.

2. Nenne je Einkommensart ein weiteres Beispiel.

1. Beschreibt, wie die Einkommen in Deutschland verteilt sind.

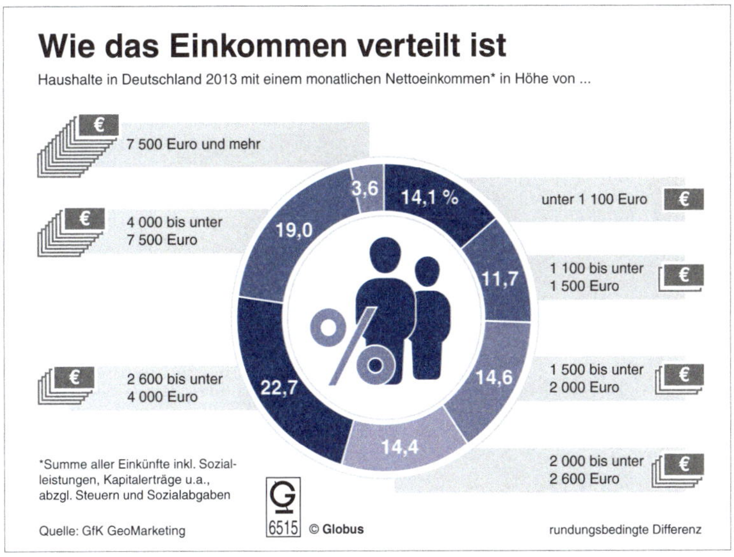

2. Ermittelt Gründe für die unterschiedlich hohen Einkommen in den verschiedenen Branchen und zwischen den Geschlechtern. Führt dazu eine Recherche im Internet durch.

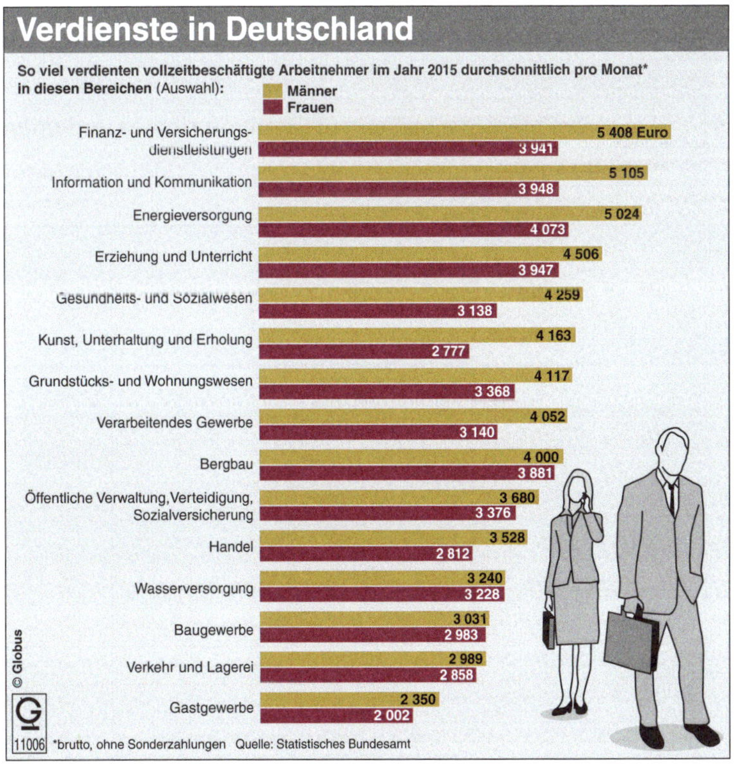

Die Haushalte stehen aufgrund der Knappheit vor dem Problem, wie sie mit dem zur Verfügung stehenden Einkommen auskommen und trotzdem möglichst viele Bedürfnisse befriedigen können. Hierbei geht es nicht nur um die Frage, wie viel für den Konsum z. B. von Nahrungsmitteln, Kleidung und Wohnung ausgegeben werden soll. Auch das Sparen für größere Anschaffungen wie für ein Auto oder für die Vorsorge im Alter muss mit dem zur Verfügung stehenden Einkommen bewerkstelligt werden. Zudem müssen sich private Haushalte gegen verschiedene Risiken (z. B. Krankheit oder Feuer) absichern. Hierzu schließen sie Verträge mit Versicherungen ab, für die sie dann regelmäßige Beiträge zahlen müssen.

Bei den Ausgaben lassen sich **feste** und **veränderliche** Ausgaben unterscheiden. Zu den festen Ausgaben zählen u. a. Miete und Versicherungen. Ernährung und Bekleidung sind hingegen Beispiele für veränderliche Ausgaben.

Meistens können nicht alle Wünsche mit dem zur Verfügung stehenden Geld erfüllt werden. Daher ist es notwendig, dass man einen Überblick über die Einnahmen und vor allem die Ausgaben hat, damit man nicht für einige Dinge zu viel Geld ausgibt, das dann an anderer Stelle fehlt. Hierzu ist es sinnvoll einen **Haushaltsplan** (vgl. Seite 13) anzulegen.

Mit einem solchen Plan kannst du z. B. feststellen, wofür du dein Geld ausgibst und bei welchen Dingen du gegebenenfalls sparen kannst. Auch kann der Haushaltsplan dazu dienen, auszurechnen, ob du dir bestimmte weitere feste Ausgaben, z. B. Beiträge für eine weitere Versicherung, leisten kannst.

1. Nenne weitere Ausgaben von privaten Haushalten und ordne sie nach festen und veränderlichen Ausgaben.

Feste Ausgaben	Veränderliche Ausgaben

B Jens ist mit seiner Ausbildung fertig und verdient als Einzelhandelskaufmann 1034 Euro netto. Für sein Zimmer in der WG bezahlt er monatlich 350 Euro warm. Das bedeutet, dass alle Nebenkosten wie Heizung und Warmwasser bereits in den 350 Euro enthalten sind. Wenn er allerdings im kalten Winter sehr viel heizt, muss er ein paar Euro nachzahlen.
Hinzu kommen 15 Euro monatlich für Strom. Für Lebensmittel gibt er monatlich 130 Euro und für Versicherungen 65 Euro aus.

1. Überlege, welche weiteren Ausgaben Jens für Konsum haben könnte und trage diese in den Haushaltsplan ein. Orientiere dich bei den Ausgaben an deinem eigenen Konsumverhalten.

2. Berechne anschließend die Summe, die Jens am Ende des Monats übrig hat.

Jens' Haushaltsplan	
Einnahmen	
Bezeichnung	**Betrag**
Gesamt:	
Ausgaben	
Bezeichnung	**Betrag**
Gesamt:	
Einnahmen/Ausgaben	
Einnahmen (Gesamt)	
– Ausgaben (Gesamt)	
Gesamt:	

3. Nenne zwei Verwendungsmöglichkeiten für die übriggebliebene Summe und begründe deine Auswahl.

Kaufst du dir eine Zeitschrift beim Kiosk, wirst du diese wahrscheinlich „bar" bezahlen. Größere Beträge hingegen zahlst du unter Umständen „mit Karte". Bei der Barzahlung zahlst du mit Münzen oder Geldscheinen (Banknoten), welche als Bargeld bezeichnet werden. Bei der Kartenzahlung hingegen sind Münzen und Scheine überflüssig. Die Barzahlung wird über das Girokonto abgewickelt. Dieses Geld wird als **Giralgeld** bezeichnet. Bei Vorgängen wie der Kartenzahlung spricht man daher von **bargeldlosem Zahlungsverkehr**. Grundlage für den bargeldlosen Zahlungsverkehr ist das Girokonto.

Auf dieses wird zum Beispiel dein Ausbildungsbetrieb deine Ausbildungsvergütung einzahlen. Du wiederum kannst das Geld auf dem Girokonto jederzeit am Geldautomaten abheben.

Möchtest du ein Girokonto einrichten, sind folgende Schritte nötig:
- Du musst einen Antrag auf Eröffnung eines Girokontos stellen.
- Deine Angaben werden überprüft, wozu du in der Regel einen Personalausweis benötigst. Bist du noch minderjährig, müssen die Erziehungsberechtigten der Kontoeröffnung zustimmen.
- Du musst bei der Kontoeröffnung eine Unterschrift abgeben, damit später nachvollzogen werden kann, ob Schecks oder Überweisungen vom Kontoinhaber stammen.

1. Nenne jeweils ein Beispiel pro Zahlungsart des bargeldlosen Zahlungsverkehrs (s. Tabelle auf der nächsten Seite).

2. Erläutere, wofür du im Alltag das Girokonto benutzt.

____

____

____

____

3. Nimm Stellung zu folgender Aussage: „Bürger ohne Girokonto sind vom Wirtschaftsgeschehen ausgeschlossen."

____

____

____

____

____

____

Zahlungsart	Beschreibung	Beispiel
Überweisung	Einmalige Übertragung eines Geldbetrags zu Lasten des Kundengirokontos auf ein Konto des Zahlungsempfängers.	
Dauerauftrag	Regelmäßige Übertragung eines gleichbleibenden Betrags an einen Empfänger zu einem festgelegten Termin, z. B. monatlich, zweimonatlich oder jährlich.	
Einzugsermächtigung	Zahlungsmöglichkeit bei variierenden Zahlungsbeträgen. Dem Empfänger wird eine Erlaubnis erteilt, Beträge abzubuchen.	
PayPal	Paypal ist ein Online-Bezahlsystem, damit kann dann z. B. der Einkauf im Internet bezahlt werden.	
EC-Karte	Multifunktionskarte: Zahlungsfunktion mit PIN, Kontoausdruck- und Überweisungsfunktion, Türöffner.	
Geldkarte	Auf der EC-Karte befindet sich ein Chip, der mit Geld aufgeladen wird, sodass die Karte ohne PIN genutzt werden kann.	
Kreditkarte	Kreditkarten werden einmal im Monat abgerechnet. Der Gesamtbetrag wird per Lastschrift vom Girokonto abgebucht.	
Onlinebanking	Überweisungen mittels des Internets.	

Vorbereitung

Auswahl eines Girokontos:

Für die Auswahl des Girokontos sind im Wesentlichen die folgenden Kriterien entscheidend:

- Höhe des regelmäßigen Einkommens
- Summe der Zahlungseingänge
- Anzahl der Buchungen
- Online-Kontoführung
- Servicestelle in der Nähe
- Angebot an Geldautomaten am Wohnort
- zusätzliche Serviceleistungen
- Überziehungsmöglichkeiten

Wenn du Informationen über eine bestimmte Finanzdienstleistung, die du in Anspruch nehmen möchtest, benötigst, ist die Recherche im Internet eine Möglichkeit, diese zu bekommen.
Eine Schwierigkeit besteht aber z. B. darin, aus der Informationsfülle die für dich relevanten Informationen zu gewinnen.

Dispo-Zinsen
Wer über ein regelmäßiges Einkommen verfügt, kann in der Regel sein Konto überziehen. Er erhält in diesem Fall einen Dispositionskredit. Die Zinsen, welche er dafür zahlen muss, sind allerdings bedeutend höher als bei anderen Krediten.

1. Nenne verschiedene Anbieter von Informationen, die du bei der Internetrecherche heranziehen solltest.

a) ______________________ c) ______________________

b) ______________________ d) ______________________

Durchführung

2. Beschreibe, wie du bei der Internetrecherche vorgegangen bist.

____

____

Auswertung

3. Nenne zwei unterschiedliche Informationsquellen.

4. Beschreibe die Interessen, die die Anbieter der Informationen haben.

5. Diskutiere die Vor- und Nachteile der beiden unterschiedlichen Quellen für dein Ziel, ein gutes Angebot zu finden.

Quelle	Interessen	Bewertung der Interessen

6. Du möchtest ein Girokonto einrichten. Recherchiere im Internet nach Angeboten und trage deine Ergebnisse in die Tabelle ein.

Anbieter	Internetadresse	dargestellte Konditionen

B Michael benötigt sofort 25 Euro, um sich eine Eintrittskarte für ein Konzert seiner Lieblingsband zu kaufen, welches bereits am Mittwoch dieser Woche stattfindet. Er hat die Gruppe noch nie live gesehen. Taschengeld bekommt er allerdings erst nächste Woche wieder. Daher möchte er sich von jemandem das Geld leihen. Michael wäre bereit, demjenigen, der ihm das Geld leiht, eine kleine Gegenleistung zu erbringen, zum Beispiel einen Schokoriegel oder einen Kakao in der Schulcaféteria kaufen.

B Anna hat noch 30 Euro Taschengeld übrig. Sie braucht das Geld allerdings am Wochenende wieder, weil sie mit ihren Freundinnen shoppen gehen möchte. Für sie wäre es daher kein Problem, jemandem Geld zu leihen. Allerdings weiß sie noch nichts davon, dass Michael Geld benötigt. Zudem würde sie eigentlich nur 20 Euro verleihen wollen, damit sie noch 10 Euro zur Verfügung hat, falls sie spontan Geld benötigt. Außerdem würde sie für das Verleihen eine kleine Gegenleistung, z. B. ein belegtes Brötchen aus der Schulcaféteria, erwarten.

Theoretisch könnte Anna Michael die 25 Euro für die Konzertkarte leihen. Dem stehen allerdings einige Hindernisse im Weg.

1. Beschreibe die Hindernisse, die für den Verleih bestehen. Dabei solltest du folgende Punkte bedenken:
- Wann brauchen Michael und Anna das Geld?
- Wie viel Geld benötigen sie jeweils?
- Was sollten sie über den jeweils anderen wissen?

Hindernis	Beschreibung

Banken können diese Probleme verringern:

- Viele private Haushalte und Unternehmen überlassen der Bank Geld, weil sie es für eine bestimmte Zeit nicht benötigen. Das machst du auch, z. B. indem du Geld auf dein Sparbuch einzahlst. Die Banken haben daher die Möglichkeit, unterschiedlich hohe Summen unterschiedlich lange Zeit zu verleihen.
- Zahlt der Schuldner das Geld nicht zurück, liegt das Risiko bei der Bank und nicht bei dem, der es der Bank geliehen hat.
- Banken müssen außerdem genau bekannt geben, zu welchen Konditionen sie Geld leihen und verleihen. So kann jeder Kunde die Angebote vergleichen.

Bank
Der amtliche Ausdruck für Bank ist Kreditinstitut. Ein solches muss mindestens ein Bankgeschäft (z. B. Zahlungsverkehrsleistungen, Kreditvergabe) gewerbsmäßig betreiben.

Wenn ihr eine Bank aufsucht, handelt es sich dabei um eine Sparkasse, eine Genossenschaftsbank (z. B. Volks- und Raiffeisenbanken) oder um eine private Bank (z. B. Deutsche Bank, Commerzbank). Diese drei Gruppen sind sogenannte **Geschäftsbanken**. Außerdem gibt es in Deutschland die **Zentralbank** (Deutsche Bundesbank). Sie ist die „Bank der Banken", weil die Geschäftsbanken u. a. Geld von ihr bekommen können.

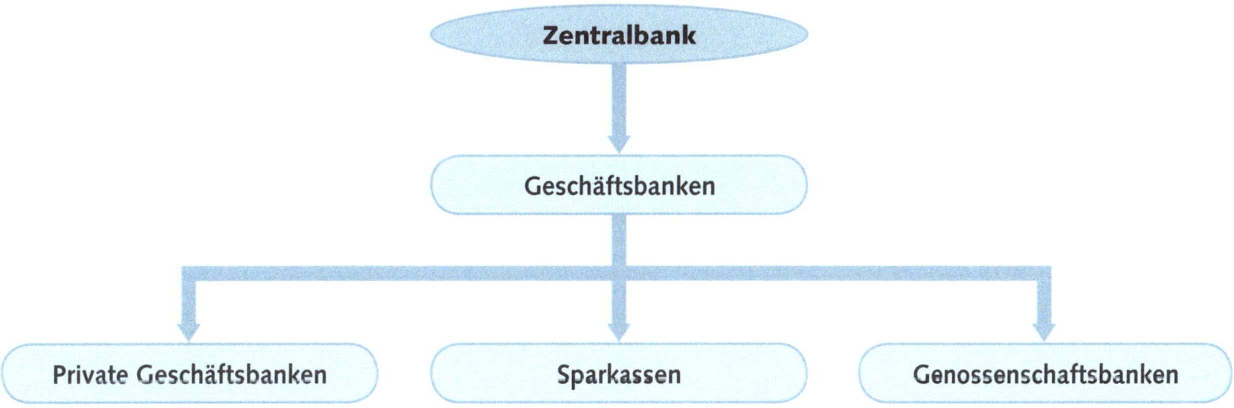

1. Nenne Leistungen, die eine Bank anbietet. Recherchiere hierzu im Internet oder frage bei einer Bank nach. Vergleiche auch die vorige Seite.

Seit dem 1.1.2002 bezahlen die Bürger in vielen Ländern der EU mit dem Euro. Litauen hat als 19. Land den Euro zum 1.1.2015 eingeführt. Das hat für Unternehmen und die privaten Haushalte zahlreiche Vorteile. Kosten für den Umtausch in andere Währungen fallen innerhalb der Eurozone weg.

Auch hat sich für Konsumenten die Marktübersicht erhöht. Sie können nun z. B. leichter abschätzen, ob es sich lohnt, ein bestimmtes Produkt lieber im Spanien-Urlaub zu kaufen oder zu Hause.

Das Eurosystem

Damit das Geldwesen zum Beispiel im Euroraum funktioniert, sind Regeln für alle beteiligten Akteure nötig. Zum Beispiel muss dafür gesorgt werden, dass das Geld nicht zu stark an Wert verliert. Man möchte also eine niedrige **Inflation**. Im Währungsraum der 19 Euroländer ist hierfür das Eurosystem verantwortlich. Dazu gehören die Europäische Zentralbank und die Zentralbanken der Euroländer wie die Deutsche Bundesbank.

I **Inflation**

Inflation ist ein anhaltender Prozess der Geldentwertung. Bemerkbar macht sich das durch allgemeine Preiserhöhungen. Die Kaufkraft des Geldes vermindert sich also stetig. Bei der Entstehung der Inflation spielt die Menge des Geldes in einer Volkswirtschaft, z. B. in Deutschland, eine wichtige Rolle.

1. Recherchiere im Internet und ermittle die Staaten, die den Euro eingeführt haben. Markiere sie farbig auf der Karte.

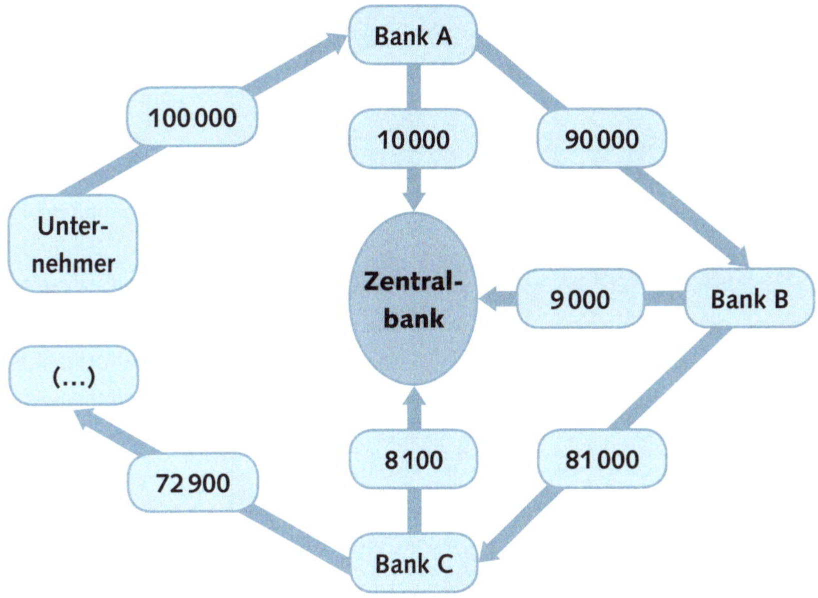

Wie entsteht Geld?
Die Geldmenge spielt eine wichtige Rolle bei der Inflation. Um den Wert des Geldes zu stabilisieren, muss also versucht werden, die Geldmenge zu steuern. An dieser Stelle stellt sich die Frage: Wie entsteht Geld?

Wir erinnern uns: Es gibt **Bargeld** und **Giralgeld**. Bargeld wird nur von der Zentralbank produziert. Sie kann also die Menge des Bargeldes steuern, indem sie mehr oder weniger herausgibt.
Beim Giralgeld ist das anders. Schauen wir uns dazu an, wie Banken Kredite vergeben: Konsumenten sparen Geld und zahlen dies bei der Bank ein. Genau diese Spareinlagen könnte die Bank dann in Form von Krediten wieder verleihen. Doch dies ist nur zum Teil richtig. Banken müssen einen bestimmten Anteil des Geldes, welches sie aufbewahren, bei der Zentralbank als sogenannte Mindestreserve (z. B. 10 Prozent) bereithalten.

Ein Beispiel: Jemand zahlt 100 000 Euro bei der Bank A ein. 10 000 Euro müsste sie bei der Zentralbank hinterlegen; die verbleibenden 90 000 verleiht sie an ein Unternehmen, welches den Betrag an die Bank B überweist. Diese muss nun 9000 Euro bei der Zentralbank hinterlegen und verleiht die verbleibenden 81 000. Dieser Betrag wird auf ein Konto bei der Bank C überwiesen, welche wiederum 10 Prozent bei der Zentralbank hinterlegt und den Restbetrag als Kredit vergibt. Der Abbildung kannst du den weiteren Verlauf des Prozesses entnehmen. Allein die Banken A, B und C haben dank der eingezahlten 100 000 Euro Kredite in einer Gesamthöhe von 243 900 Euro vergeben können. Es wurde also Geld (Giralgeld) geschaffen.
In der Praxis muss allerdings noch bedacht werden, dass ein Teil der Beträge von den Banken vorgehalten werden muss, weil die Sparer das Geld abheben wollen, wodurch die Geldschöpfung begrenzt wird.

1. Erkläre den Unterschied zwischen Giralgeld und Bargeld.

2. Beschreibe den Prozess der Giralgeldschöpfung durch Geschäftsbanken.

EZB-Gebäude in Frankfurt/Main

Die Europäische Zentralbank kann die Geldmenge beeinflussen und somit einen Einfluss auf die Geldwertstabilität ausüben. Das kann sie über den Leitzins, also den Preis des Geldes, und über die Höhe der Mindestreserve machen. Dieses Betätigungsfeld der EZB wird als **Geldpolitik** bezeichnet und umfasst die Offenmarktpolitik und die Mindestreservepolitik.

Offenmarktpolitik: Geschäftsbanken benötigen Zentralbankgeld, damit sie Kredite vergeben können und somit Giralgeld schaffen. Dieses können sie zu einem bestimmten Zinssatz, dem Leitzins, bekommen. Dieser Leitzins wird von der EZB festgelegt.
Erhöht die EZB den Leitzins, wird das Geld für die Geschäftsbanken teurer, was wiederum dazu führt, dass sie weniger Kredite vergeben bzw. die Konditionen für die Kredite schlechter werden.

Mindestreservepolitik: Die Geschäftsbanken müssen Mindestreserven bei der Notenbank halten. Durch diese wird die Verfügbarkeit über das Zentralbankgeld, welches sie besitzen, eingeschränkt und sie können weniger Kredite vergeben.

Der Preis für Kredite, die die Geschäftsbanken zum Beispiel an Unternehmen vergeben, hat u. a. Einfluss auf die Güterproduktion. Werden die Leitzinsen zum Beispiel erhöht, wird die Güterproduktion teurer.

1. Die EZB senkt die Leitzinsen. Erläutere die möglichen Konsequenzen für die privaten Haushalte.

2. Erstelle eine Mindmap und notiere alles, was du über Finanz- und Wirtschaftskrisen weißt.

Finanz- und Wirtschaftskrise

Manche Länder in der **Eurozone** haben seit einigen Jahren wirtschaftliche Probleme. Sie stecken in einer Wirtschaftskrise. Zu diesen Ländern gehören z. B. Griechenland und Spanien. In den Ländern gibt es unter anderem viele Arbeitslose. Damit Unternehmen mehr Arbeitsplätze schaffen können, hat die europäische Zentralbank den Leitzins gesenkt und kauft außerdem **Staatsanleihen** auf. Beides führt dazu, dass es insgesamt mehr Geld in Europa gibt. Das Geld wird hierdurch billiger. Das bedeutet, dass man nicht mehr so viele Zinsen dafür bezahlen muss. Die Unternehmen können sich daher leichter Geld leihen, um z. B. neue Maschinen zu kaufen. Dadurch sollen mehr Arbeitsplätze entstehen. Da mehr Geld im Umlauf ist, wird auch mehr konsumiert. Das wiederum schafft Arbeitsplätze.

Die niedrigen Zinsen, die allen, die einen Kredit aufnehmen wollen, helfen, haben aber auch Nachteile. Die Menschen, die Geld sparen möchten, bekommen nämlich für ihr Geld weniger Zinsen.

1. Fülle die Grafik aus. Die Grafik soll die Folgen der Senkung der Leitzinsen darstellen.

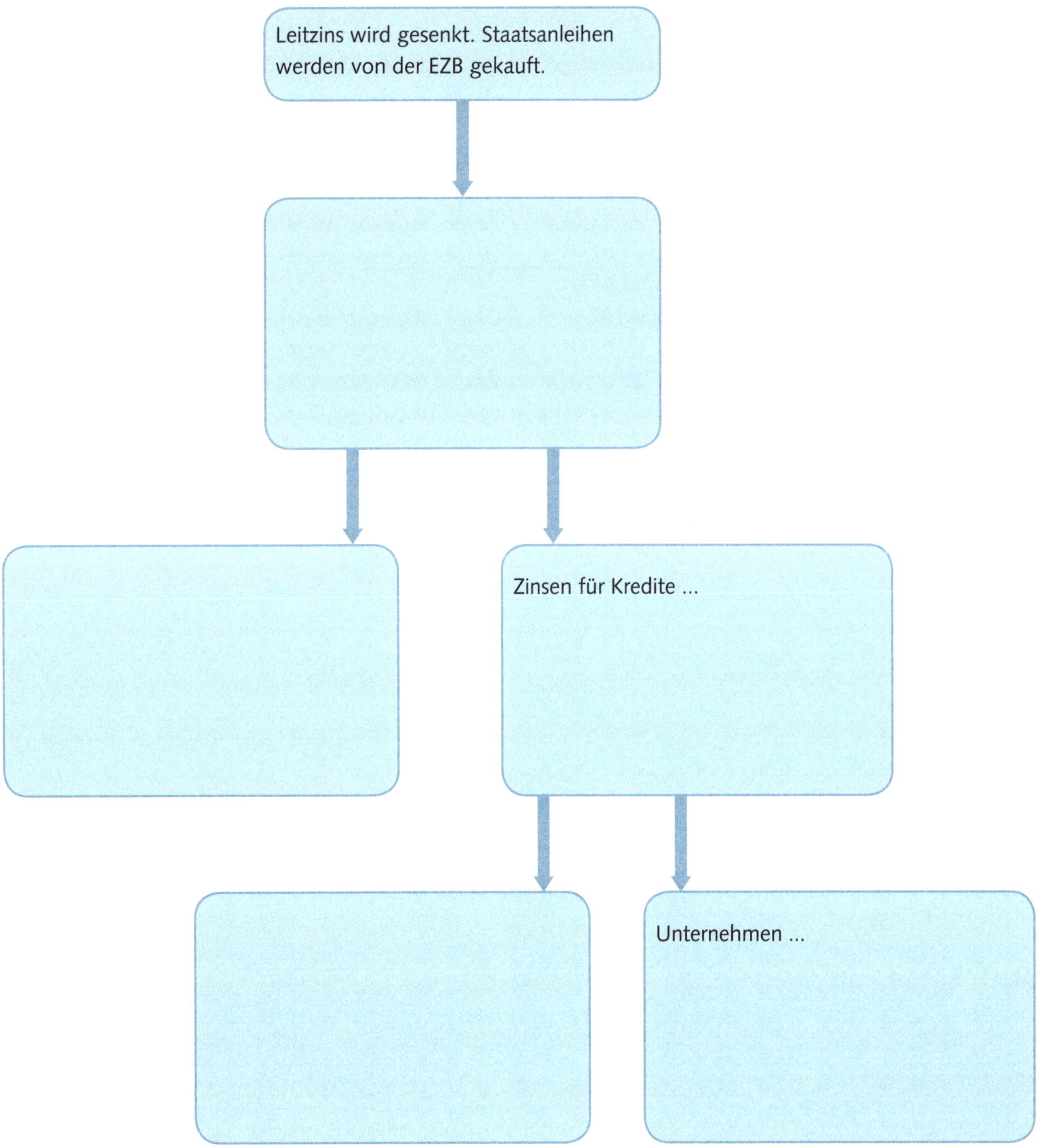

Der Staat hat die Aufgabe, eine Rechtsordnung zu schaffen, mit der die vielfältigen wirtschaftlichen Aktivitäten der Bürger gewährleistet werden können. Der Staat erlässt dazu zum Beispiel Gesetze, auch solche, die die Finanzdienstleistungen betreffen.

Privatrecht und öffentliches Recht
Im Privatrecht sind die Rechtsverhältnisse der Bürger untereinander geregelt. Der Kern des Privatrechts ist das Bürgerliche Gesetzbuch (BGB). In diesem sind z. B. die Beziehungen zwischen Verkäufer und Käufer geregelt.
Das öffentliche Recht regelt hingegen die Belange zwischen den Bürgern und dem Staat. Das Strafrecht ist z. B. ein Teil des öffentlichen Rechts.

Im BGB sind zahlreiche rechtliche Regelungen, die Finanzdienstleistungen (z. B. Girokonto, Kredite) betreffen, zu finden. In den §§ 107, 108 BGB ist zum Beispiel geregelt, dass Banken Minderjährigen nur mit schriftlicher Zustimmung der gesetzlichen Vertreter (meistens die Eltern) ein Girokonto eröffnen dürfen.

Auch viele weitere wichtige Sachverhalte, z. B. Verträge, sind im BGB geregelt. Wenn eine der Vertragsparteien, z. B. der Verbraucher, der Auffassung ist, dass der Vertrag unrechtmäßig zustande gekommen ist, kann er sein Recht wahrnehmen und eine Klage beim Gericht einreichen, muss es aber nicht.

Gerade bei Finanzdienstleistungen hat aber der Staat generell ein Interesse daran, dass bestimmte Probleme gar nicht erst auftreten. Beispielsweise sollte das Geld, welches bei Banken auf das Sparbuch eingezahlt wird, dort auch sicher sein.
Aus diesem Grunde gibt es Regelungen im öffentlichen Recht, die z. B. dafür sorgen, dass dein Sparguthaben bei der Bank auch sicher ist, sodass du, wenn du möchtest, es auch wieder bekommst.

Damit die rechtlichen Regelungen auch eingehalten werden, werden Finanzdienstleister vom Staat überwacht. Fällt einem Bürger ein Missstand auf, kann er es der zuständigen Behörde, der Bundesanstalt für Finanzdienstleistungsaufsicht (Bafin), melden.

1. Erläutere den Unterschied zwischen Privatrecht und öffentlichem Recht.

2. Schaue dir das Inhaltsverzeichnis des BGBs (*www.gesetze-im-internet.de/bgb*) an und nenne fünf wesentliche Bereiche, die in diesem geregelt sind.

Verbraucherschutz

Da der Staat ein Interesse daran hat, dass die Verbraucher die Möglichkeit haben, sich über bestimmte Produkte informieren und auch beraten lassen zu können, finanziert er Einrichtungen, die diese Aufgaben in seinem Auftrag übernehmen.

Zu diesen Einrichtungen gehören auch die Verbraucherzentralen. Hier können sich Verbraucher unabhängig beraten lassen. Bei den Verbraucherzentralen sind ebenfalls Testergebnisse der Stiftung Warentest verfügbar. Diese testet im staatlichen Auftrag verschiedenste Produkte und Dienstleistungen, u. a. auch Finanzdienstleistungen.

Gerade Finanzdienstleistungen sind sehr komplex und daher für Laien oftmals nicht vergleichbar. Daher solltest du, wenn du eine Finanzdienstleistung in Anspruch nehmen möchtest, dich auf jeden Fall bei unabhängigen Institutionen wie den Verbraucherzentralen informieren.

B Janna möchte ein Girokonto eröffnen. Sie hat schon im Internet recherchiert und verschiedene Angebote gefunden. Aber sie ist sich nicht sicher, auf welche Kriterien sie besonders achten muss. Es fällt ihr schwer, die Angebote zu vergleichen. Auf der Internetseite der Stiftung Warentest findet sie schließlich einen aktuellen Testbericht zu Girokonten, den sie für 1,50 Euro herunterladen kann.

1. Recherchiere auf den Internetseiten der Stiftung Warentest (*www.test.de*) zu einer Finanzdienstleistung deiner Wahl. Fasse zusammen, welche Arten von Informationen du erhältst.

____

____

____

____

____

____

2. Nenne die wesentlichen Bereiche, in denen die Verbraucherzentralen beraten. Diese kannst du entweder bei der örtlichen Beratungsstelle oder im Internet unter *www.vzbv.de* finden.

____

____

____

____

____

____

B Kira hat zum Geburtstag endlich ein neues Fahrrad bekommen. Es ist ihr ganzer Stolz, denn sie wollte schon seit langem ein Hollandrad haben. Selbstverständlich nutzt sie dieses auch, um damit zum Arzt zu fahren. Als sie aus der Arztpraxis wieder herauskommt, kann sie es nicht fassen: Ihr Fahrrad ist weg. Zwei Monate später hat sie es zwar immer noch nicht wieder, aber dafür ein Neues, denn ihr Rad war gegen Diebstahl versichert. Daher hat sie von der Versicherung das Geld für ein neues Fahrrad bekommen.

Heute kann man sich gegen nahezu alle Risiken absichern: gegen Krankheit, Diebstahl, Berufsunfähigkeit, Feuer, um nur einige Beispiele zu nennen.

Der Sinn einer „Versicherung" ist, die Folgen eines Risikos, das bei vielen Menschen gleich bzw. ähnlich ist, auf die Schultern vieler zu verteilen. Die ersten Zusammenschlüsse entstanden, als sich im 14. Jahrhundert Kaufleute zusammenschlossen und vereinbarten, dass bei Eintritt eines Schadens bei einem von ihnen (z. B. wenn ein Schiff gesunken war) die übrigen den Schaden ausglichen. Dieses Vorgehen bezeichnet man als Umlageverfahren. So wurden zuerst Handelsschiffe abgesichert.
Später traten gewerbsmäßige „Risikoträger" auf den Markt. Sie schlossen nicht nur mit einem Kunden, sondern mit vielen Kunden, die ähnlichen Risiken ausgesetzt waren, Verträge ab. Die Einnahmen des Versicherers mussten in diesem einfachen Fall dafür ausreichen, alle eintretenden Schäden zu decken. Da es allerdings unwahrscheinlich war, dass alle Versicherten im gleichen Jahr z. B. ein Schiff verloren, konnte der Versicherer davon ausgehen, dass bei ausreichend hoher Kundenzahl mit entsprechenden Prämieneinnahmen die zu erwartenden Schäden abgedeckt werden konnten.

1. Ist dir oder einem Freund von dir etwas Ähnliches wie Kira auch schon einmal passiert? Beschreibe den Vorfall.

Versicherungen für private Haushalte

Die privaten Haushalte sind verschiedenen Risiken ausgesetzt. Sie müssen sich gegen diese über Versicherungen absichern, da sie in vielen Schadensfällen, wie zum Beispiel bei einer teuren Operation, die Kosten nicht selber tragen könnten oder sie zumindest in große finanzielle Schwierigkeiten geraten würden. Daher schließen private Haushalte, wie übrigens auch Unternehmen, Versicherungsverträge ab, in denen genau beschrieben ist, in welchen Fällen das Versicherungsunternehmen Zahlungen leisten muss. Im Gegenzug zahlen die Versicherungsnehmer (z. B. die privaten Haushalte) einen Versicherungsbeitrag. Die privaten Haushalte müssen sich daher besonders auf diejenigen Versicherungen konzentrieren, welche für sie notwendig sind.

1. Nenne Risiken, denen du im Alltag ausgesetzt bist.

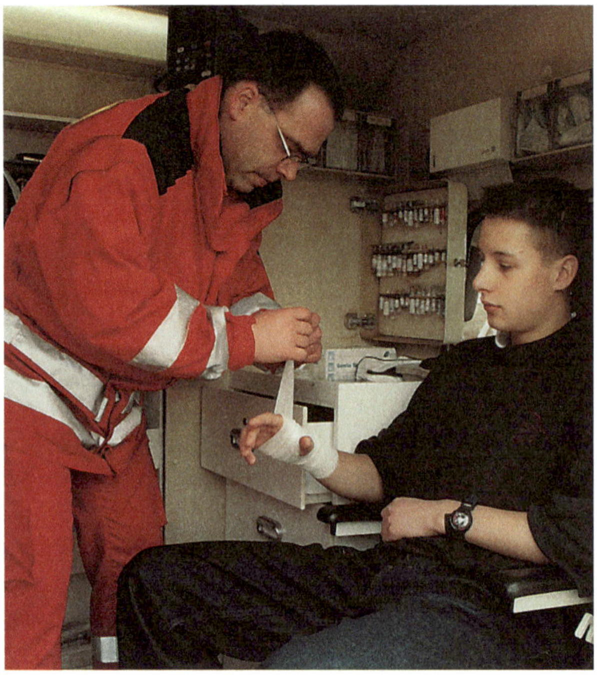

Die privaten Haushalte sind sehr unterschiedlichen Risiken ausgesetzt. Diese lassen sich in drei Gruppen unterteilen:

- **Personenrisiken** sind z. B. Arbeitslosigkeit oder das Alter. In beiden Fällen muss das fehlende Arbeitseinkommen ersetzt werden. Im Falle des Alters kommen unter Umständen zum Beispiel noch Kosten für Pflegeleistungen hinzu.

- **Vermögensrisiken** beeinflussen direkt das Vermögen. Ein Beispiel wäre, wenn man direkt für die Schäden eines Dritten haften müsste, die man selber zu verantworten hat.

- **Sachrisiken** betreffen Schäden an Sachen, wie dem Haus oder dem Auto. Hierzu zählt auch der Fahrraddiebstahl.

1. Ordne die folgenden Risiken den drei Kategorien Vermögens-, Sach- und Personenrisiken zu:

Unfall - du hast dich auf die Brille deines Nachbarn gesetzt - Diebstahl -

Wohnungsbrand - Todesfall - Vandalismus - Krankheit - Berufsunfähigkeit -

dein Hund hat jemanden gebissen

Vermögensrisiken:

____

____

Sachrisiken:

____

____

____

Personenrisiken:

____

____

____

____

B Der 19-jährige Sven arbeitet als Verwaltungsfachangestellter in der Stadtverwaltung von Emden. Eines Tages kommt sein Kollege Christian, den Sven seit dem ersten Tag seiner Ausbildung kennt, nicht aus dem Urlaub zurück. Sven erfährt, dass Christian einen schweren Schlaganfall erlitten hat und dass es noch einige Zeit dauern wird, bis er wiederkommt. Einige Monate später ist klar, dass Christian nie wiederkommen wird. Er ist aufgrund des Schlaganfalls nicht mehr in der Lage, seinen Beruf auszuüben. Sven ist geschockt und fragt sich, wer sich nun um Christian und dessen Familie kümmert. Christian hat zwei schulpflichtige Kinder. Seine Frau arbeitet nur ein paar Stunden pro Woche. Davon wird die Familie kaum leben können. Sven wird klar, dass viele Risiken dramatische finanzielle Folgen haben können, für die ein „Durchschnittsbürger" nicht alleine aufkommen kann.

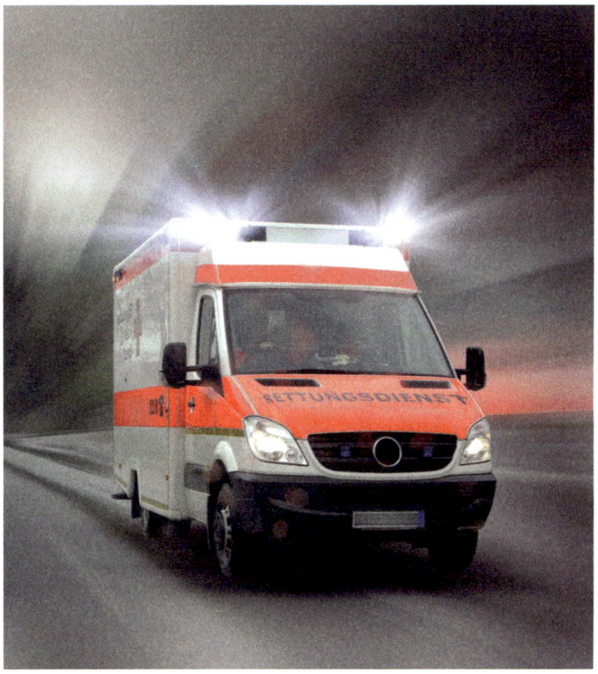

1. Beschreibe die finanziellen Folgen der eingetretenen Schadensfälle.

Inga verletzt sich beim Sport und bricht sich den Arm.

Finanzielle Folgen:

___

___

___

Herr Schmidt verliert seinen Arbeitsplatz.

Finanzielle Folgen:

___

___

___

Ute und ihr Mann werden in Rente gehen.

Finanzielle Folgen:

___

___

___

Risiken können über Versicherungen abgesichert werden. Grundlegend kann bei den Versicherungen zwischen dem Sozialversicherungssystem und den Individualversicherungen unterschieden werden. Die Beiträge für die **Sozialversicherungen** sind abhängig von der Höhe des Arbeitseinkommens, während sie sich bei den **Individualversicherungen** am Risiko orientieren.

Das Sozialversicherungssystem ist vom Staat geschaffen worden, um eine gewisse Grundversorgung der Bevölkerung zu sichern. Folgende Sozialversicherungen gibt es:

- gesetzliche Krankenversicherung,
- gesetzliche Pflegeversicherung,
- gesetzliche Rentenversicherung,
- gesetzliche Unfallversicherung,
- Arbeitslosenversicherung.

Zur Zeit der Industrialisierung

Die Industrialisierung brachte nicht nur Fortschritt, sondern auch Probleme mit sich. Die Arbeiter erhielten niedrige Löhne. Die Lebensbedingungen in den Städten waren schlecht. Auch die Arbeitsbedingungen waren nicht mit den heutigen Sicherheitsstandards zu vergleichen. Es passierten täglich schwere Unfälle in den Fabriken. Arbeiter konnten von einem zum anderen Tag plötzlich arbeitslos sein. Wegen der schlechten Bedingungen wurden Reformen gefordert. Der damalige Reichskanzler, Otto von Bismarck, plante daraufhin die erste Sozialversicherung. 1883 wurde die gesetzliche Krankenversicherung, 1884 die gesetzliche Unfallversicherung und 1889 die gesetzliche Rentenversicherung eingeführt.

Zur Zeit der Weimarer Republik

Vor allem nach der Revolution (1918/19) wurden die Leistungen der Sozialversicherungen deutlich verbessert. Beispielsweise wurden neue Berufskrankheiten anerkannt, wenn es um den Bezug der Rente ging. Die Verbesserungen waren neben dem Druck der organisierten Arbeitnehmerschaft auch dem damaligen Reichsarbeitsminister Heinrich Brauns zu verdanken. Er setzte 1927 die Arbeitslosenversicherung durch. Arbeitslose konnten von nun an 39 Wochen lang ihren Lebensunterhalt aus der Versicherung beziehen.

Situation in den 1990er-Jahren

Mitte der 1990er-Jahre waren 1,7 Millionen Menschen pflegebedürftig. 450 000 von ihnen lebten in Heimen, die anderen wurden zu Hause gepflegt. Die Menschen mussten selber für die Pflege aufkommen. Das führte u. a. dazu, dass viele pflegebedürftige Menschen auf Sozialhilfe angewiesen waren.

Um diese Probleme in den Griff zu kriegen, führte die damalige Bundesregierung zum 1. Januar 1995 die gesetzliche Pflegeversicherung ein. Jeder gesetzlich oder privat Krankenversicherte musste von nun an eine entsprechende Pflegeversicherung abschließen.

Finanzierungsprobleme des Sozialversicherungssystems

Aus verschiedenen Gründen, wie z. B. einer immer älter werdenden Bevölkerung, gibt es Probleme, das Sozialversicherungssystem zu finanzieren. Um das Problem zu lösen, wurde in den letzten Jahren beschlossen, dass die Menschen sich zusätzlich gegen mehr Risiken selbst absichern müssen.

1. Beschreibe die Umstände, die zur Schaffung der Sozialversicherungen geführt haben und trage dies in das Schaubild auf Seite 31 ein.
2. Trage in die Pfeile ein, wer die Sozialversicherungen eingeführt hat.
3. Trage die Sozialversicherungen unter den Jahreszahlen ein.

Situation zu Beginn des 19. Jahrhunderts:	Situation in der Weimarer Republik:	Situation in den 1990er-Jahren:

1883:

1884:

1889:

1927:

1995:

Die fünf Zweige der Sozialversicherung

Hausratversicherung

Die Hausratversicherung bietet einen Versicherungsschutz für Einrichtungs-, Gebrauchs- und Verbrauchsgegenstände eines Haushalts. Dazu gehören beispielsweise Möbel, Haushaltselektronik, Kleidung und Nahrungsmittel. Es besteht auch Versicherungsschutz gegen Feuer, Leitungswasser, Sturm, Hagel, Einbruchdiebstahl, Raub und Vandalismus.

Privathaftpflichtversicherung

Die Absicherung gegen Schadensersatzforderungen Dritter ist der Inhalt einer Haftpflichtversicherung. Wird einem Dritten ein Schaden zugefügt, muss der Schädiger den angerichteten Schaden in voller Höhe ersetzen. Das bedeutet, dass der Wert, den der Gegenstand kurz vor Eintritt der schädigenden Handlung hatte, erstattet werden muss. Diesen Wert nennt man Zeitwert. Beispiel: Ist der MP3-Player bereits drei Jahre alt, kann der Geschädigte nicht verlangen, dass ihm ein Apple iPod in der aktuellsten Version als Ersatz gewährt wird.

Berufsunfähigkeitsversicherung

Wer z. B. aufgrund einer Erkrankung oder eines Unfalls nicht mehr in der Lage ist, seinen Beruf auszuüben, also berufsunfähig ist, erhält von der gesetzlichen Rentenversicherung eine Erwerbsminderungsrente. Diese reicht allerdings bei Weitem nicht aus, um den gewohnten Lebensstandard aufrecht zu halten. Daher ist es notwendig, eine Berufsunfähigkeitsversicherung abzuschließen. Diese zahlt im Fall der Berufsunfähigkeit eine Rente, welche unabhängig vom Einkommen ist. Die Höhe der Rente wird im Versicherungsvertrag festgelegt.

Kfz-Haftpflicht

Diese Versicherung ist für alle Halter von Kraftfahrzeugen eine Pflichtversicherung. Diese Haftpflichtversicherung leistet Schadensersatzleistungen an Dritte, die bei einem Autounfall geschädigt wurden. Schäden Dritter können auch mehrere Millionen Euro betragen (z. B. bei Erwerbsunfähigkeit des Opfers).

1. Ermittle, indem du z. B. deine Eltern fragst, eine weitere Individualversicherung und beschreibe, welche Risiken diese absichert.

1. Überlege, welche Versicherungen bei den genannten Fallbeispielen infrage kommen und markiere die Lösungswörter im Rätsel.

a) Anne hat Zahnschmerzen. ______________________________

b) Der Hund von Herrn Schmidt beißt den Nachbarn. ______________________________

c) Herr Ullrich kann nach einem Schlaganfall seinen Beruf nicht mehr ausüben. ______________________________

d) Ingo verletzt sich bei der Arbeit. ______________________________

e) Herr Meier fährt beim Ausparken in ein anderes Auto. ______________________________

f) Frau Janssen verliert ihren Arbeitsplatz. ______________________________

g) Herr D. benötigt aufgrund seines Alters Hilfe beim Aufstehen. ______________________________

H	B	Y	N	A	I	T	F	W	Q	L	P	O	G	R	W	B	L	Ö	B	M
Ü	E	P	U	Q	Y	X	D	H	U	L	D	E	F	G	R	E	S	K	L	F
R	K	R	A	N	K	E	N	V	E	R	S	I	C	H	E	R	U	N	G	G
E	C	I	J	K	F	D	C	N	E	M	N	Z	T	V	F	U	A	Ä	Ö	E
E	R	V	S	I	H	A	N	G	A	F	B	W	X	L	O	F	P	E	R	S
S	E	A	U	N	D	K	L	I	N	G	E	R	B	E	N	S	D	O	C	H
A	L	T	E	I	S	S	O	L	E	N	E	R	K	U	R	U	N	G	B	E
R	E	H	A	N	M	E	C	H	V	A	N	K	L	V	E	N	C	F	G	U
L	K	A	M	K	R	F	H	B	C	E	W	Q	Y	P	Ü	F	E	R	X	N
M	B	F	L	C	R	H	J	K	S	E	R	T	E	I	N	Ä	N	D	E	R
M	I	T	Z	U	M	F	R	A	L	L	I	S	T	E	R	H	O	N	I	K
K	O	P	E	-	T	F	E	R	S	K	G	D	I	E	R	I	C	B	Ö	A
F	H	F	E	Z	H	U	I	B	N	W	R	I	O	C	O	G	M	Ü	V	B
B	N	L	H	N	N	A	C	E	M	E	L	H	J	Ö	H	K	Y	N	T	G
B	E	I	T	D	H	J	F	I	E	R	M	A	T	Z	U	E	N	B	I	M
R	E	C	H	K	L	R	E	I	I	O	L	V	F	H	E	I	R	A	L	P
E	N	H	C	B	N	E	I	S	P	P	E	R	T	I	E	T	S	U	R	P
A	M	T	I	L	P	M	C	L	V	F	N	B	Z	N	M	S	L	Ü	N	P
V	C	V	B	Z	N	M	O	O	F	R	L	E	C	H	T	V	E	R	S	G
G	R	E	S	S	T	U	N	S	V	N	E	I	R	T	E	E	B	N	P	X
D	D	R	A	H	T	Z	U	E	F	S	D	S	C	H	I	R	N	M	W	X
Z	C	S	E	F	T	G	U	N	A	S	A	C	H	H	T	S	E	R	O	P
E	P	I	E	R	T	Z	U	V	E	C	I	X	G	A	T	I	V	F	R	H
K	R	C	O	C	H	T	B	E	N	M	A	R	K	D	I	C	Ö	Z	U	L
L	Ö	H	W	D	G	J	V	R	S	I	O	P	F	L	I	H	T	N	C	N
C	H	E	M	R	P	Q	Y	S	B	C	R	U	P	L	B	E	M	Y	E	R
V	E	R	T	I	U	M	B	I	Q	Z	C	H	L	V	B	R	Q	X	M	Ä
D	A	U	M	Z	H	G	E	C	D	V	B	T	Z	G	B	U	A	S	C	V
P	N	N	M	P	Ü	W	S	H	D	X	N	F	R	E	I	N	W	S	B	V
Z	U	G	R	E	I	G	B	E	R	D	S	C	B	Y	W	G	R	O	N	C
P	F	L	E	G	E	V	E	R	S	I	C	H	E	R	U	N	G	P	O	M
D	F	R	T	F	G	K	L	U	Ö	B	V	N	T	R	E	D	C	V	B	N
E	R	D	F	G	H	T	Z	N	U	I	J	H	N	G	B	V	W	S	C	D
Y	P	L	K	U	B	G	F	G	W	S	A	X	V	F	R	Z	U	M	K	L

B Julia hat ihre Ausbildung abgeschlossen und ist in ihre erste eigene Wohnung gezogen. Sie freut sich über ihr erstes volles Gehalt und bemerkt zugleich, was alles auf sie zukommt.

Meine Ausgaben **Meine Risiken**

1. Stelle das Problem dar, das Julia zu lösen hat.

2. Benenne weitere Risiken, denen Julia ausgesetzt ist, und die Versicherungen, durch die diese Risiken abgesichert werden können.

1.

2.

3.

Das Ausmaß der Existenzgefährdung

Die Mitglieder der privaten Haushalte können sich normalerweise aufgrund ihrer begrenzten finanziellen Möglichkeiten nicht gegen alle bestehenden Risiken absichern. Sie müssen also einen Kompromiss zwischen Versicherungsmöglichkeiten und tatsächlich bezahlbaren Lösungen finden. Hierbei kann die Einteilung nach dem Grad der Existenzgefährdung helfen.

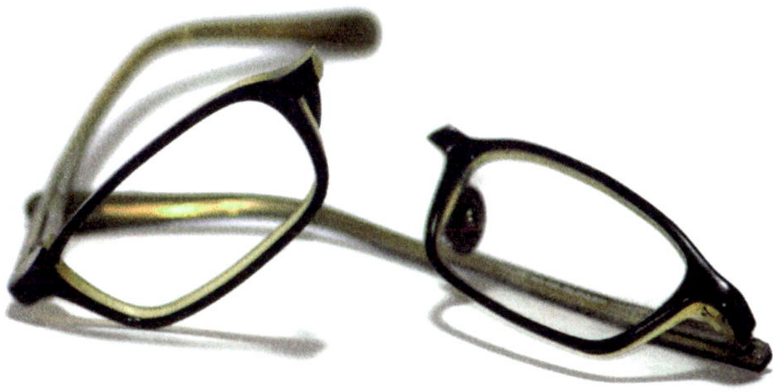

Die Risiken lassen sich in diese drei Gruppen einteilen: existenzzerstörende, existenzgefährdende und selbst tragbare Risiken.

Unter **existenzzerstörenden** Risiken werden solche Risiken verstanden, bei deren Eintreten der Haushalt absehbar vollkommen überfordert wäre, die finanziellen Folgen selber zu tragen. Bei diesen Risiken würde die Schadenshöhe das Jahreseinkommen um ein Vielfaches übersteigen. Auch Risiken, deren finanziellen Folgen nicht überschaubar sind, gehören in diese Kategorie. Viele Personen- und Vermögensrisiken können existenzzerstörend sein.

Die Folgen von **existenzgefährdenden** Risiken sind zwar tragbar, verschlechtern allerdings nachhaltig die Einkommens- und Vermögenssituation des Haushalts. Hierbei handelt es sich vor allem um Sachrisiken, wie z. B. einen Wohnungsbrand, deren mögliche finanzielle Folgen überschaubar sind. Trotzdem bedeuten sie für die meisten Betroffenen eine deutliche Verschlechterung des Lebensstandards.

Die finanziellen Folgen von **selbst tragbaren** Risiken können ohne größere Probleme vom Betroffenen selbst getragen werden. Ein Beispiel wäre ein gestohlener MP3-Player.

1. Entwickle ein Paket von Versicherungen, das Julia in jedem Fall abschließen sollte.

Auch wenn Menschen sehr unterschiedliche Berufe ausüben und verschiedene Hobbies haben, kann man davon ausgehen, dass auch eine Reihe von gemeinsamen Risiken und damit ein ähnlicher Versicherungsbedarf besteht. Dieser Versicherungsbedarf ist abhängig von den jeweiligen Lebensumständen. Ein Jugendlicher muss sich zumindest zum Teil gegen andere Risiken absichern als eine alleinerziehende Mutter oder ein Rentner.

Deshalb entwickeln Versicherungsgesellschaften Versicherungskonzepte, die die typischen Risiken der Menschen in einer Lebensphase (z. B. in der Ausbildung) abdecken.

Im Folgenden sind die wesentlichen hinzukommenden Risiken der jeweiligen Lebensphase dargestellt.

Lebensphase Kindheit:
- Krankheit
- Unfall

Lebensphase Berufseinstieg:
- Vermögensschäden: Mit Beginn der Ausbildung endet meist die Mitversicherung in der elterlichen Haftpflichtversicherung.
- Berufsunfähigkeit: Das Erwerbseinkommen kann z. B. durch einen Unfall gefährdet werden.

Lebensphase Haushaltsgründung:
- Vermögensrisiken
- Sachschäden: Hausrat, Pkw absichern

Lebensphase Familiengründung:
- Hinterbliebenenschutz: Die Verantwortung für andere Personen rückt in den Vordergrund.
- Krankheit: Hier kommt das Problem der Kinderbetreuung im Krankheitsfall der Eltern hinzu.

Lebensphase Etablierung und Vermögensaufbau:
- Vermögenssicherung: Absicherung des bestehenden Vermögens wird bedeutender.

Lebensphase Ruhestand:
- Rente/Pension: Die alleinige Einkommenssicherung über die gesetzliche Rente/Pension ist meistens nicht möglich.
- Todesfall: Bestattungskosten sollten vorsorglich abgedeckt werden.

1. Kritiker des Lebensphasenkonzepts meinen, dass hierbei nicht zwischen verzichtbaren und unverzichtbaren Versicherungen unterschieden wird. Diskutiert diese Aussage.

Fallbeispiel 1

B Die Familie Meier mit zwei Kindern hat ein Haushaltseinkommen von netto 4000 Euro monatlich. Die Ehepartner arbeiten beide, die Kinder sind 14 und 16 Jahre alt. Neben dem eigenen Zweifamilienhaus im Wert von etwa 250 000 Euro besitzt die Familie zwei Autos (einen Golf und einen 5er BMW). Für Versicherungen stehen im Jahr 5500 Euro zur Verfügung.

Fallbeispiel 2

B Der 20 Jahre alte Thomas ist Single und hat seine Ausbildung beendet. Er hat eine eigene Wohnung, dessen Hausrat auf 35 000 Euro geschätzt wird. Das erste Gehalt beträgt 1100 Euro netto monatlich. Für Miete und Lebenshaltung werden 730 Euro monatlich fällig, hinzu kommen Geld für Benzin in Höhe von 150 Euro monatlich und Fortbildungskosten von 55 Euro.

1. Benenne die Risiken, denen die Menschen in den Fallbeispielen ausgesetzt sind, und die Versicherungen, welche diese absichern können.

2. Entwickle ein Versicherungspaket für die jeweiligen Haushalte.

3. Begründe die Auswahl der Versicherungen. Bedenke das Ausmaß der Existenzgefährdungen und das Lebensphasenkonzept.

Fallbeispiel 1:

Fallbeispiel 2:

Philipp hat sich sein erstes eigenes Auto gekauft. Für die Zulassung benötigt er allerdings eine Kfz-Haftpflichtversicherung. Auch die Frage, ob er eine Voll- oder Teilkaskoversicherung abschließen soll, steht noch im Raum.

Das Auto ist ja schon ein paar Jahre alt, daher ist es fraglich, ob er die teurere Vollkaskoversicherung wirklich benötigt.

Bevor du eine Versicherung abschließt, solltest du Folgendes bedenken:

- Ist der angebotene Versicherungsschutz überhaupt notwendig?
- Ist der angebotene Schutz durch eine bestehende Versicherung gedeckt?
- Angebotsvergleiche bei Versicherungen und Prämien sind wichtig. (Recherchiere zum Beispiel bei der Stiftung Warentest.)
- Lies die Versicherungsbedingungen sorgfältig.

Kaskoversicherung

Bei der Kaskoversicherung wird zwischen Teilkasko- und Vollkaskoversicherung unterschieden. Über eine Teilkaskoversicherung werden Risiken wie Diebstahl, Glasbruch, Brand und Rehwildschäden abgedeckt.
Diese Gefahren sind auch durch die Vollkaskoversicherung abgesichert. Allerdings kommen hier noch selbst verursachte Schäden und Schädigung durch Fahrerflucht hinzu.

1. Erkläre die wesentlichen Schritte, die Philipp nun unternehmen sollte.

2. Recherchiere bei der Stiftung Warentest (*www.test.de*) und bei den Verbraucherzentralen (*www.vzbv.de*). Fasse die wesentlichen Informationen, die du zur Kaskoversicherung findest, zusammen.

Für den Versicherungsvertrag wurden gesetzliche Regelungen unter anderem im Versicherungsvertragsgesetz (VVG) geschaffen. Bei einem Versicherungsvertrag wird keine Ware ausgetauscht, sondern der Versicherungsnehmer erhält vom Versicherer das Versprechen für eine Leistung im Falle eines Schadens. Welche Leistungen beim Eintreten eines bestimmten Ereignisses – z. B. eines Schadens – vom Versicherer geleistet werden sollen, ist in einem Versicherungsvertrag festgelegt.
Bestandteile eines Versicherungsvertrages sind:

- die Versicherungspolice oder der Versicherungsschein (der Versicherungsvertrag),
- die Allgemeinen Versicherungsbedingungen und
- die besonderen Vereinbarungen im Vertrag.

In der Versicherungspolice wird das Versprechen des Versicherers beschrieben, und sie enthält die Versicherungsbedingungen, in denen die einzelnen abgesicherten Sachverhalte näher erläutert werden. In den Versicherungsbedingungen wird festgesetzt, was z. B. ein Feuer oder ein Blitzschlag ist, damit jede der Parteien weiß, welche Versprechen getroffen worden sind, bzw. bei welchen Ereignissen das Versprechen eingelöst werden muss. Für den Versicherer ist dieses wichtig, damit er eine entsprechende Prämie berechnen kann, und für den Versicherungsnehmer klärt sich, in welcher Höhe oder wie umfangreich er abgesichert ist.

Wie bei allen Verträgen sind auch Versicherungsverträge von Menschen geschaffen und können, obwohl

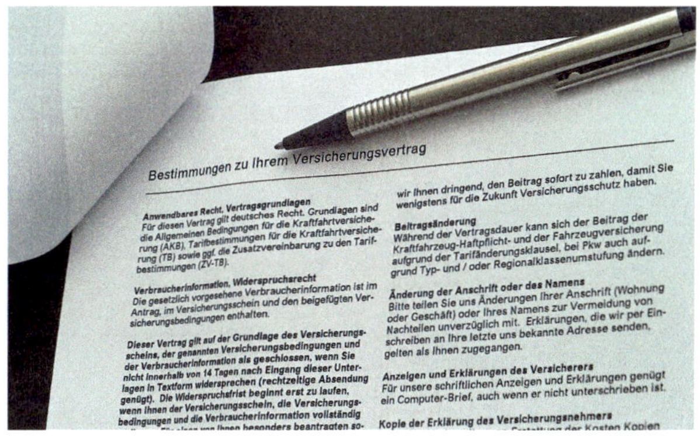

sie schriftlich verfasst sind, verschieden ausgelegt werden. Diesem Risiko versucht der Versicherer mit umfassenden Regelungen und Definitionen vorzubeugen. Größtenteils gelingt dieses, teilweise kann es im Schadensfall trotzdem zu Gerichtsprozessen kommen, nämlich dann, wenn der Versicherer die Bedingungen anders „gemeint hat", als sie der Versicherungsnehmer versteht.

Allgemeine Geschäftsbedingungen (AGB)
AGB sind vorformulierte Vertragsbedingungen, die allgemein für alle Verträge gelten sollen. Beispielsweise wird darin geregelt, wann die Versicherung beginnt und wann man sie kündigen kann. Die AGB vereinfachen und verkürzen auf diese Weise den eigentlichen Versicherungsvertrag. Man sollte diese Regelungen jedoch genau prüfen, um nicht benachteiligt zu werden.

1. Fasse die wesentlichen Bestandteile eines Versicherungsvertrags und deren Inhalt zusammen.

2. Erläutere, warum es notwendig ist, die versicherten Sachverhalte genau zu kennen.

Wenn der Versicherungsvertrag abgeschlossen ist, erhält der Versicherungsnehmer dadurch verschiedene Rechte:
Das wichtigste Recht ist das Recht auf Versicherungsleistungen, wie sie im Versicherungsvertrag festgehalten wurden. Der Versicherer ist des Weiteren dazu verpflichtet, den Versicherungsnehmer vor Vertragsabschluss z. B. über die Auswirkungen des Vertrags zu informieren.

Auch ein Beratungsprotokoll muss dem Versicherungsnehmer z. B. vom Vermittler ausgehändigt werden. Er hat auch das Recht, sich über das Versicherungsunternehmen zu beschweren.

Die Beschwerde kann der Versicherungsnehmer z. B. bei der Bundesanstalt für Finanzdienstleistungsaufsicht (Bafin) einreichen. Eine weitere Beschwerdemöglichkeit bietet ein **Versicherungsombudsmann**. Dieser wird von der Versicherungswirtschaft gestellt. Auch kann er in bestimmten Fällen gegen den Versicherungsvertrag Widerspruch einlegen.

Versicherungsombudsmann
Der Versicherungsombudsmann kann Verbrauchern bei Beschwerden zu fast allen Versicherungen helfen. Ist der Versicherungsnehmer mit einer Entscheidung nicht einverstanden und kann sich mit der Versicherung nicht einigen, dann kann er die Unterstützung des Ombudsmanns kostenlos in Anspruch nehmen.
Der Ombudsmann kann sogar bis zu einer gewissen Höhe eine Entscheidung gegen das Unternehmen aussprechen.

1. Erläutere die wesentlichen Rechte des Versicherungsnehmers, die er durch den Versicherungsvertrag erhält.

2. Recherchiere im Internet (z. B. auf *www.pkv-ombudsmann.de*). Fasse zusammen, welche Punkte der Versicherungsnehmer bei einer Beschwerde bedenken muss.

Der Versicherungsnehmer hat durch den Versicherungsvertrag allerdings auch einige Pflichten. Am wichtigsten ist, dass er die Prämie wie vereinbart zahlt. Außerdem muss er vor dem Vertragsabschluss alle relevanten Angaben wahrheitsgemäß machen, z. B. Vorerkrankungen nennen. Änderungen müssen auch nach dem Vertragsabschluss dem Versicherer mitgeteilt werden.

Tritt ein Schadensfall ein, muss der Versicherte unverzüglich die Versicherung darüber informieren. Auch muss der Versicherte alles unternehmen, um den Schaden zu verhindern oder zumindest zu vermindern. Kommt der Versicherte seinen Pflichten nicht nach, kann das dazu führen, dass er keinen Anspruch mehr auf die Versicherungsleistungen hat.

1. Erläutere die wesentlichen Pflichten eines Versicherungsnehmers.

2. Jens möchte eine Berufsunfähigkeitsversicherung abschließen. Im Internet hat er gelesen, dass viele Vorerkrankungen zu höheren Versicherungsbeiträgen führen können. Nun möchte er seine Knieverletzung, die er sich vor zwei Jahren beim Sport zugezogen hat, lieber nicht angeben. Es ist ja schon lange her, und er hat seitdem keine Probleme mehr mit dem Knie gehabt. Nimm Stellung zu Jens´ Absicht.

B Jasmin benötigt für ihre erste eigene Wohnung dringend eine neue Kücheneinrichtung. Aber leider hat sie nicht genug gespart, um sich eine neue Küche leisten zu können. Für die Wohnzimmermöbel hatte sie bereits mehr Geld ausgegeben, als sie zunächst eingeplant hatte. Aber wie kommt sie nun schnell an eine neue Kücheneinrichtung? Jasmin wäre bereit, in den nächsten Monaten dafür jeweils 100 Euro von ihrem Ausbildungsgehalt zurückzulegen. Aber leider wird es dann noch viele Monate dauern, bis sie sich endlich den Wunsch erfüllen kann. Aber sie benötigt die Küche jetzt. Und die kostet 1500 Euro. Jasmin denkt sich, dass es doch sicherlich noch andere Möglichkeiten geben müsste, um an die Küche zu kommen.

Es gibt vielfältige Möglichkeiten, um einen Kredit aufzunehmen. Auch in der Tageszeitung oder im Internet finden sich viele verlockende Finanzierungsangebote, die scheinbar auf unkomplizierte Art und Weise abgeschlossen werden können. Durch diese verlockenden Angebote könnte das Bedürfnis umso größer werden, sich den langersehnten Wunsch nach einer Küche oder auch nach einem neuen Auto zu erfüllen. Häufig sieht man auch Angebote mit 0,0-Prozent-Finanzierungen, sodass es schwerfallen könnte, sich gegen einen Kredit zu entscheiden.
Grundsätzlich spricht zunächst nichts dagegen, einen Kredit aufzunehmen. Vorausgesetzt, die monatlichen Kreditraten können dauerhaft bezahlt werden. Auch Unternehmen nehmen Kredite auf und finanzieren dadurch beispielsweise neue Maschinen. Ebenso kann es vorkommen, dass der Staat bestimmte Vorhaben wie den Bau von Autobahnen über Kredite finanziert.

In vielen Fällen wäre es sicherlich praktisch, wenn man sich unerfüllte Wünsche einfach durch die Aufnahme eines Kredits erfüllen könnte. Es ist aber nicht außer Acht zu lassen, dass Kredite in der Regel teures Geld sind. Denn zum einen müssen Kredite zurückgezahlt werden. Zum anderen fallen Zinsen und Gebühren für den Kredit an.
Was alles bei einem Kredit und bei der Kreditaufnahme zu beachten ist, wird dir auf den folgenden Seiten erklärt.

1. Zähle verschiedene Dinge auf, die mit einem Kredit finanziert werden können.

Die Möglichkeit, heute etwas zu kaufen und erst morgen dafür bezahlen zu müssen, kann als Chance, aber auch als Versuchung gesehen werden. Denn die Gründe für eine Kreditaufnahme können unterschiedlich sein.

Unabhängig von den Gründen, die zu einer Kreditaufnahme geführt haben, gilt es, finanzielle Entscheidungen langfristig und genau zu planen. Ansonsten besteht die Gefahr, schnell den Überblick zu verlieren.

Zudem sollte die Aufnahme eines Kredits genau durchdacht werden, da z. B. Kosten für den Kredit anfallen und der Kredit in der Regel über Monate/Jahre zurückzuzahlen ist. Deshalb bietet sich eine Berechnung an, ob man sich einen Kredit wirklich leisten kann. Oder ob man zunächst lieber Geld spart und auf eine Kreditaufnahme verzichtet.

Ablauf einer Kreditaufnahme

Wenn du einen Kredit bei der Bank aufnimmst, leihst du dir bei der Bank für einen vorher vereinbarten Zeitraum (Laufzeit) Geld. Die Bank (als Kreditgeber) vertraut darauf, dass du (als Kreditnehmer) das Geld während der Laufzeit in Raten zurückzahlst. Die Bank verlangt für die Bereitstellung des Geldes u. a. Zinsen. Der Zins ist der Preis für die Überlassung des Geldes für eine bestimmte Laufzeit.

Ob du dich für einen Kredit entscheiden solltest, ist von vielen Dingen abhängig. Dazu zählt die Höhe des Kredits, den du für eine bestimmte Anschaffung benötigst. Auch die Laufzeit ist wichtig, denn diese gibt an, wie

viele Monate oder Jahre du für die Rückzahlung des Kredits benötigst. Hinzu kommt die Art und Weise der Rückzahlung. Dazu zählt z. B., ob du jeden Monat einen festen Betrag an die Bank zurückzahlen musst oder ob die Möglichkeit besteht, darüber hinaus beispielsweise vom Weihnachtsgeld zusätzliche Beträge auf das Kreditkonto einzuzahlen.

In der Regel sind für die Gewährung des Kredits Sicherheiten bei der Bank zu hinterlegen, die die Bank als „Pfand" bis zur kompletten Rückzahlung des Kredits einbehält.

In diesem Kapitel erhältst du einen Überblick über verschiedene Kreditarten. Du lernst wichtige Grundbegriffe zum Kredit, was bei einer Kreditaufnahme zu beachten ist und wo Gefahren lauern.

1. Nenne Gründe, weshalb private Haushalte Kredite aufnehmen.

____

____

____

____

2. Notiere die Dinge, die bei einer Kreditaufnahme zu beachten sind.

____

____

____

Was unterscheidet den Nominal- vom Effektivzins?

Wer einen Kredit aufnimmt, muss für den Kredit Zinsen zahlen. Die Höhe der Zinsen ist abhängig vom Zinssatz. Der Zinssatz ist der in Prozent ausgedrückte Preis für die Überlassung von Geld, der in der Regel pro Jahr angegeben wird. Derjenige, der Geld empfangen hat, zahlt Zinsen an denjenigen, der das Geld überlassen hat. Bei Zinsen wird unterschieden zwischen Nominalzins und Effektivzins.

- Der **Nominalzins** ist der auf einen Kredit bezogene Prozentsatz, mit dem der Kredit verzinst wird.
- Der **Effektivzins** meint die tatsächlich jährlich anfallenden Kosten für einen Kredit. Im Effektivzins sind alle Kosten für den Kredit enthalten. In der Regel wird der Zinssatz bei Kreditangeboten als effektiver Jahreszins angegeben.

Um Kredite vergleichen zu können, ist es notwendig, sich am effektiven Jahreszins (auch Effektivzins genannt) zu orientieren, denn im Effektivzins werden sämtliche Kosten und Gebühren berücksichtigt.

Höhe der Zinsen

Die Höhe der Zinsen ist von vielen Faktoren abhängig. Dazu gehören z. B. die Art des Kredits, die Laufzeit und die Besicherung.

Die Höhe der Zinsen kann auch noch von weiteren Faktoren abhängen. Denn es ist auch möglich, dass die Banken je nach der persönlichen Lebenssituation des Kreditnehmers unterschiedliche Konditionen (Zahlungsbedingungen) bei den Zinsen und Gebühren, z. B. bei der Bearbeitungsgebühr für den Kredit, anbieten. Daher ist es notwendig, Kreditangebote von verschiedenen Banken einzuholen und diese zu vergleichen.

Sicherheiten

Für die Vergabe des Kredits verlangt die Bank in der Regel den Nachweis einer Sicherheit. Denn die Bank leiht nur demjenigen Geld, bei dem sie auch sicher sein kann, dass die geliehene Kreditsumme zuzüglich Zinsen wieder zurückgezahlt wird. Die Rückzahlung eines Kredits ohne Zinsen bezeichnet man als Tilgung.

Um nun aber einen Kredit zu erhalten, muss zunächst ein Kreditvertrag, z. B. mit einem Kreditinstitut, abgeschlossen werden. Der Kreditvertrag muss schriftlich erfolgen. Im Kreditvertrag werden die Kredithöhe, die Zinsen, die Laufzeit, die Kosten sowie die Sicherheiten für den Kredit geregelt. Zusätzlich vereinbaren die Vertragspartner (meist Kreditinstitut und Kreditnehmer) weitere Kreditbedingungen.
Abgeschlossene Kreditverträge können vom Kreditnehmer innerhalb von zwei Wochen ohne Angabe von Gründen widerrufen werden.

Grundsätzlich sollte vor jeder Kreditaufnahme genau überlegt werden, ob die monatlichen Raten gezahlt werden können. Denn die Ratenzahlungen fallen nicht nur über Wochen an. Kreditverträge laufen häufig über mehrere Monate bis hin zu vielen Jahren, in denen die Kreditrate zu zahlen ist. Auch bei veränderten Einnahmesituationen, wie bei einer vorübergehenden Arbeitslosigkeit, werden die vereinbarten Kreditraten fällig und müssen gezahlt werden.

1. Erläutere den Unterschied zwischen Nominal- und Effektivzins und benenne anschließend drei Faktoren, die die Höhe der Zinsen beeinflussen können.

2. Auf der vorhergehenden Seite hast du Grundbegriffe zum Kredit kennengelernt. Erkläre mit eigenen Worten die Begriffe Zinsen, Tilgung und Rate.

Zinsen:

___

___

Tilgung:

___

___

Rate:

___

___

3. Fülle die Lücken der folgenden Sätze mit den nachstehenden Begriffen aus und bilde das Lösungswort aus den farblich markierten Buchstaben.

Wörter für den Lückentext: Laufzeit - Effektivzins - Nebenkosten - Sicherheiten - Kreditvertrag - Konditionen

1. Um Kreditkosten miteinander vergleichen zu können, sollte man sich am _ _ _ _ _ _ _ _ _ _ _ orientieren.
2. Die Höhe der Zinsen hängt unter anderem von der _ _ _ _ _ _ _ _ ab.
3. Unterschiedliche Kreditgeber bieten unterschiedliche _ _ _ _ _ _ _ _ _ _ _ an.
4. Zusätzlich zu den Zinsen sind auch _ _ _ _ _ _ _ _ _ _ _ für den Kredit zu zahlen.
5. Im _ _ _ _ _ _ _ _ _ _ _ _ _ stehen die genauen Bedingungen für den Kredit.
6. Um einen Kredit zu bekommen, verlangt der Kreditgeber vom Kreditnehmer _ _ _ _ _ _ _ _ _ _ _ _.

Lösungswort: _ _ _ _ _ _

4. Frage deine Eltern oder deine Verwandten nach drei Sicherheiten, die einer Bank als „Pfand" für die Gewährung eines Kredits angeboten werden könnten, und liste die Sicherheiten nachstehend auf.

1. ___
2. ___
3. ___

Private Haushalte haben in der Regel die Wahl zwischen drei verschiedenen Kreditarten, um damit kurzfristig, mittelfristig oder langfristig Vorhaben zu finanzieren. Folgende Kreditarten werden unterschieden:

Dispositionskredit
Wer ein regelmäßiges Einkommen hat, kann bei der Bank einen Dispositionskredit (auch: Dispo) für sein Girokonto beantragen.
Beim Dispositionskredit ist es so, dass das Girokonto bis zu einem bestimmten Höchstbetrag überzogen werden, also ins Minus (Soll) gehen kann.

Die Bank gibt für den Dispokredit keinen festen Rückzahlungstermin vor. Stattdessen wird das Minus auf dem Konto (Soll) mit den laufenden Einnahmen immer wieder ausgeglichen. Die Höhe des Dispokredits hängt in der Regel von der Höhe der monatlichen Gehaltseingänge ab.
Nachteilig ist, dass beim Dispokredit mit hohen Zinsen zu rechnen ist, die zurzeit zwischen 12 und 15 Prozent liegen. Daher bietet sich dieser Kredit eher für kurzfristige finanzielle Engpässe an.

Ratenkredit
Wer für größere Anschaffungen Geld braucht, kann bei der Bank einen Ratenkredit bekommen. Für diesen Kredit werden eine bestimmte Kreditsumme, ein fester Zinssatz und eine monatliche Rückzahlungsrate vereinbart. Der Ratenkredit hat in der Regel eine Laufzeit von maximal 72 Monaten.

Immobilienkredit
Für den Kauf eines Grundstücks, einer Wohnung oder eines Hauses eignet sich ein Immobilienkredit.

Um diesen Kredit zu bekommen, muss schon eine bestimmte Summe angespart worden sein. Das angesparte Geld wird als Eigenkapital bezeichnet. Den übrigen Teil der benötigen Summe verleiht dann die Bank an den Kunden, damit die Immobilie gekauft werden kann.

Als Sicherheit dient häufig die gekaufte Immobilie. Da für Immobilien hohe Summen als Kredit aufgenommen werden, haben Immobilienkredite in der Regel eine lange Laufzeit von 20 oder 30 Jahren. Diese Kreditart wird auch als **Annuitätendarlehen** bezeichnet.

1. Erläutere den Unterschied zwischen Dispositionskredit, Ratenkredit und Immobilienkredit.

Dispositionskredit: ______________________________

____

____

____

Ratenkredit: ______________________________

____

____

____

Immobilienkredit: ______________________________

____

____

____

2. Recherchiere im Internet weitere Details zu den Kreditarten Dispositionskredit, Ratenkredit und Immobilienkredit. Welche generellen Informationen findest du über Höhe, Laufzeit, Verwendung, Rückzahlung und Besicherung der einzelnen Kreditarten? Trage die Ergebnisse in die Tabelle ein.

Kreditart	Dispositionskredit	Ratenkredit	Immobilienkredit
Höhe des Kredits			
Laufzeit des Kredits			
Verwendung des Kredits			
Rückzahlung des Kredits			
Besicherung des Kredits			

B Mareike hat es satt, jeden Tag mit dem Fahrrad zu ihrer Ausbildungsstelle zu radeln. Wie schön wäre es doch, endlich ein eigenes Auto zu haben. In der Frühstückspause entdeckt sie in der Zeitung ein Angebot eines Autohändlers für einen Gebrauchtwagen, der 3000 Euro kosten soll. Das wäre eine tolle Sache, denkt sich Mareike.
Häufig ist Mareike jedoch schon an einem Autohändler in ihrem Ort vorbeigeradelt. Da wäre es doch ratsam, auch von diesem Händler ein Angebot einzuholen und beide zu vergleichen.

Ebenso wie in Mareikes Fall sollten vor jeder Kreditaufnahme verschiedene Angebote verglichen werden. Denn je nach Anbieter können die Kosten, Gebühren und auch die Zinssätze für den Kredit unterschiedlich sein.

Folgende zusätzliche Kosten bzw. Kreditnebenkosten können bei der Aufnahme eines Kredits anfallen:

Restschuldversicherung:
Einige Kreditinstitute verlangen für die Vergabe des Kredits, dass der Kreditnehmer zusätzlich eine sogenannte Restschuldversicherung abschließt. In diesem Fall ist zu der Kreditrate noch die Prämie für die Versicherung zu zahlen. Dadurch erhöhen sich auch die monatlichen Ausgaben für den Kreditnehmer.
Eine Restschuldversicherung springt immer dann ein, wenn der Kreditnehmer nicht mehr in der Lage ist, den Kredit zurückzuzahlen (z. B. bei einer Arbeitslosigkeit).

Bereitstellungszinsen:
Je nach Anbieter kann es sein, dass der Kreditgeber Bereitstellungszinsen berechnet, wenn zwischen dem Abschluss des Kredits und der tatsächlichen Inanspruchnahme ein längerer Zeitraum vergeht. Auch bei der bereitstellungszinsfreien Zeit gibt es Unterschiede zwischen den Banken. Häufig fallen Bereitstellungszinsen bei der Aufnahme von Immobilienkrediten an.

Bei einigen Banken ist zusätzlich für das Kreditkonto, über das der Kredit verwaltet wird, eine jährliche Kontoführungsgebühr zu zahlen.

1. Erläutere, welche zusätzlichen Kosten bei der Kreditaufnahme anfallen können.

B Peter macht einen Einkaufsbummel durch die Innenstadt. Als er an einer Bank vorbeikommt, fällt ihm ein Plakat mit einem Kreditangebot auf: „Kredit über 5000 Euro – per sofort – günstige Rückzahlungsbedingungen!“
Peter findet, dass dieses Angebot sehr verlockend klingt. Momentan würde er gerne jede Möglichkeit prüfen, um an Geld zu kommen. Mit einem solchen Kredit könnte er sich endlich den Wunsch nach einem eigenen Motorrad erfüllen. Vor einem halben Jahr hat er seinen Motorradführerschein gemacht. Bislang muss er sich allerdings immer das Motorrad seines Vaters ausleihen.
Doch Peter ist unsicher. Er weiß nicht, welche monatliche Belastung letztendlich für den Kredit auf ihn zukommt. Der Bank wird er für den Kredit auch noch Kosten und Gebühren zahlen müssen. Doch welche Kosten und Gebühren kommen insgesamt auf ihn zu?
Peter überlegt sich, dass er sich zunächst ganz unverbindlich bei der Bank informieren möchte. Ablehnen kann er den Kredit ja immer noch.

1. Begründe, warum vor einer Kreditaufnahme verschiedene Kreditangebote miteinander verglichen werden sollten.

2. Schaue dir das Bild mit der Sanduhr an. Erläutere mit eigenen Worten den Zusammenhang zwischen der Sanduhr und der Begriffserklärung zu den Bereitstellungszinsen auf Seite 48.

Familie Meyer wohnt zurzeit zur Miete in einem Mehrfamilienhaus. Seit Jahren wünscht sich die Familie ein eigenes Haus im Grünen. Dafür haben Martha und Detlef Meyer bereits vor längerer Zeit begonnen, regelmäßig Geld zu sparen. Mittlerweile konnten sie bereits 30000 Euro Eigenkapital ansparen.

Durch eine Anzeige in der Zeitung hat Detlef Meyer nun das Haus gefunden, welches den eigenen Vorstellungen entspricht. Es gibt nur einen Haken: Der Preis für das Haus mit dem Grundstück liegt bei 130000 Euro.

Damit Familie Meyer sich ihren Wunsch erfüllen kann, müssen Martha und Detlef noch 100000 Euro über einen langfristigen Immobilienkredit bei einer Bank aufnehmen.

Die Eheleute Meyer vereinbaren ein Beratungsgespräch bei einer Bank. Schnell wird ihnen bewusst, dass der Kredit nicht so einfach zu bekommen ist. Es sind einige Überprüfungen und Anträge nötig. Die Bank benötigt vor der Kreditgewährung verschiedene Unterlagen und Informationen von Herrn und Frau Meyer.

Bei der Kreditwürdigkeit wird zwischen materieller und persönlicher Kreditwürdigkeit unterschieden:

Materielle Kreditwürdigkeit:
Anhand der Einkommens- und Vermögensverhältnisse des Kreditnehmers prüft die Bank, ob der Kreditnehmer in der Lage ist, den Kredit vereinbarungsgemäß zurückzuzahlen.
Persönliche Kreditwürdigkeit:
Die persönliche Kreditwürdigkeit ist gegeben, wenn die Bank aufgrund des guten Rufs oder der Zuverlässigkeit des Kreditnehmers davon ausgehen kann, dass er den Willen hat, den Kredit zurückzuzahlen.

Bei der Kreditwürdigkeit prüft die Bank also, ob bei Familie Meyer die Einnahmen höher sind als die monatlichen Ausgaben und der Familie zusätzlich eine finanzielle Reserve für unvorhergesehene Ausgaben bleibt.

Ein anderer Begriff für Kreditwürdigkeit ist beispielsweise **Bonität**. Die Bank stellt mit der Überprüfung der Kreditwürdigkeit bei Familie Meyer fest, ob die Eheleute einerseits die Kreditraten zurückzahlen können und ob sie es grundsätzlich auch wollen.

Schließlich prüft die Bank das zu finanzierende Objekt (in diesem Fall das Haus) und ermittelt, ob der Kaufpreis in Höhe von 130000 Euro angemessen ist. Deshalb müssen Fotos vom Grundstück, Bauzeichnungen, ein Lageplan etc. eingereicht werden.

Kreditfähigkeit:
Neben der Kreditwürdigkeit wird auch die Kreditfähigkeit geprüft. Denn nur an kreditfähige Personen darf die Bank einen Kredit vergeben. Kreditfähig ist, wer 18 Jahre alt und voll geschäftsfähig ist und somit einen Kreditvertrag rechtswirksam abschließen kann.

1. Erläutere den Unterschied zwischen Kreditfähigkeit und Kreditwürdigkeit.

___

___

___

___

___

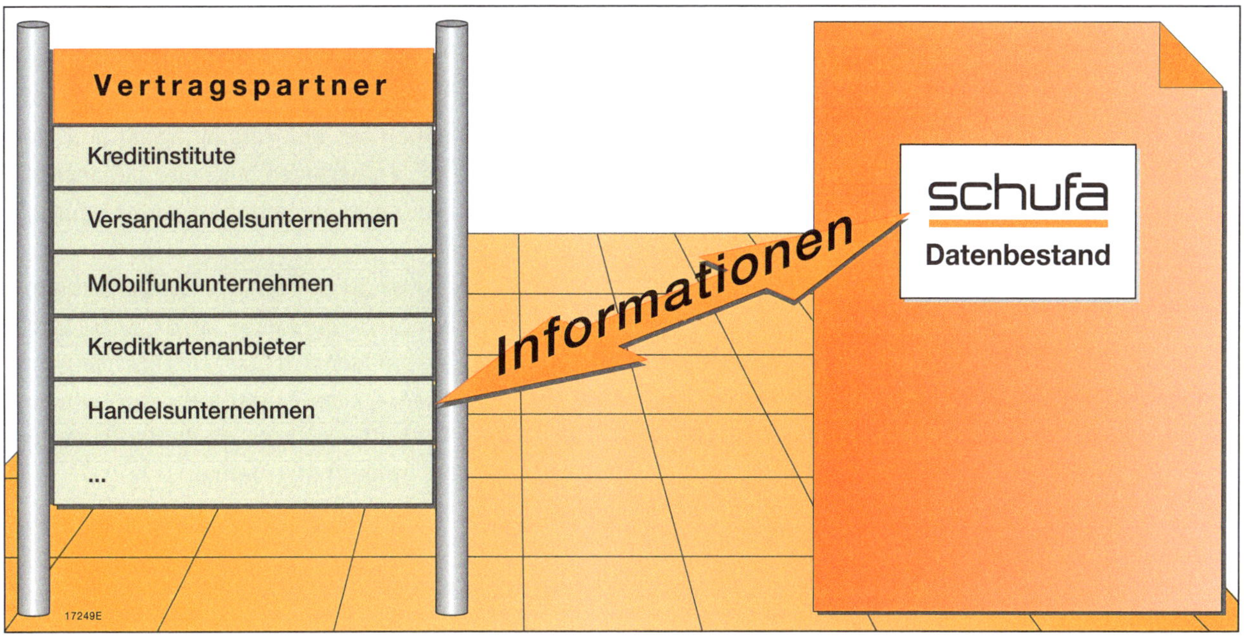

Im Rahmen der Prüfung der Kreditwürdigkeit holt die Bank über Herrn und Frau Meyer auch eine Auskunft bei der Schutzgemeinschaft für allgemeine Kreditsicherung (kurz: Schufa) ein.
Bei dem Unternehmen Schufa werden Daten von Verbrauchern gespeichert.

Die Schufa kann über ca. 65 Millionen Einwohner in Deutschland folgende Informationen geben:
- personenbezogene Informationen (Name, Vorname, Geburtsdatum, Anschrift),
- Informationen zu Konten, Krediten und Verträgen (Kredit- und Leasingverträge mit Betrag und Laufzeit),
- Informationen zu nicht vertragsgemäßem Verhalten,
- Missbrauch von Girokonten, Kreditkarten und Kreditkonten,
- Voraussagen zum künftigen Verhalten einer Person (Scoring-Verfahren der Schufa),
- Angaben aus öffentlichen Verzeichnissen und amtlichen Bekanntmachungen.

Die Schufa speichert keine Angaben über Arbeitgeber, Einkommen und Vermögen. Die Schufa weiß beispielsweise, ob jemand einen Kredit fristgemäß zurückgezahlt hat oder sein Konto überzogen hat.

Woher bekommt die Schufa ihre Daten?
Zahlreiche Unternehmen, wie Telekommunikationsunternehmen, sind Vertragspartner der Schufa. Die Vertragspartner leiten Daten über den Kunden an die Schufa weiter, übermitteln Informationen über die Aufnahme von Krediten oder den Abschluss eines Handyvertrags.
Die Schufa informiert hingegen die Vertragspartner, wenn der Kunde bereits bestehende Kredite hat oder einen Kredit nicht zurückgezahlt hat. Vertragspartner und Schufa tauschen gegenseitig Informationen aus (vgl. Abbildung oben).

1. Besitzt du einen Handyvertrag? Erläutere: Was hat der Kauf eines Vertragshandys mit der Schufa zu tun?

Schufa-Selbstauskunft

Du selbst hast die Möglichkeit, dich kostenfrei bei der Schufa darüber zu informieren, welche Daten über dich bei der Schufa gespeichert sind. Dies erfolgt über eine Selbstauskunft bei der Schufa. Einen Antrag für die Selbstauskunft kannst du direkt auf der Internetseite der Schufa unter *www.schufa.de* herunterladen.

Dies sollte man in bestimmten zeitlichen Abständen immer wieder tun, weil es durchaus passieren kann, dass falsche Daten gespeichert sind oder Daten nicht gelöscht worden sind. So lassen sich unliebsame Überraschungen vermeiden.

Scoring-Verfahren der Schufa

Mithilfe eines Scorings bzw. durch die Berechnung des Score-Werts (to score: punkten) erfasst die Schufa alle Daten zum Kunden aus der Vergangenheit und wertet diese aus, um Vorhersagen machen zu können, ob zukünftige Kreditraten vereinbarungsgemäß zurückgezahlt werden.
Kreditinstitute sowie die übrigen Vertragspartner informieren sich vor der Kreditvergabe bei der Schufa über den Kunden und schauen sich auch die Einschätzungen für die Zukunft an. Da der Eintrag bei der Schufa eine Kreditvergabe beeinflussen kann, sollte die Bedeutung der Schufa nicht unterschätzt werden.

1. Recherchiere unter *www.schufa.de*, welche Vorteile das Scoring für die Vertragspartner der Schufa hat.

---

2. Das Ziel der Schufa ist es, durch den Austausch von Informationen die Vertragsunternehmen vor Kreditausfällen zu schützen.
Erläutere, wie die Kommunikation zwischen der Schufa und den Vertragsunternehmen abläuft und welche Informationen übermittelt werden.

---

3. Erkläre, inwiefern die Schufa eine mögliche zukünftige Kreditvergabe beeinflussen kann.

B Petra hat sich in diesem Monat viele neue Sachen von ihrem Ausbildungsgehalt gegönnt: neue Klamotten, Kosmetikartikel und ein neues Fahrrad. Mit dem neuen Fahrrad ist sie dann gleich am nächsten Tag in die Stadt gefahren, um mit ihrer Freundin einen schönen Abend im Kino zu verbringen. Da durften dann auch die kleinen Knabbereien nicht fehlen, die sie sich an der Kinokasse gekauft hat. Nun ist der Monat noch nicht ganz rum, und ihr bleiben nur noch 10 Euro für die restlichen Tage. Dabei hat sie ihren Eltern versprochen, ihnen in diesem Monat endlich die bereits vor Wochen geliehenen 100 Euro wieder zurückzugeben.

Jugendliche und auch andere Personengruppen stehen vor großen Problemen, wenn Zahlungsverpflichtungen nicht mehr erfüllt und Kredite nicht mehr vereinbarungsgemäß zurückgezahlt werden können.
In diesem Zusammenhang ist häufig die Rede von den Begriffen Verschuldung oder Überschuldung. Dabei sind diese Begrifflichkeiten voneinander zu unterscheiden:

- **Verschuldung:**
  Eine Verschuldung liegt immer dann vor, wenn eine Person Schulden hat. Verpflichtungen eines Schuldners, die noch nicht beglichen wurden, werden als Verbindlichkeiten bezeichnet.
- **Überschuldung:**
  Von einer Überschuldung wird gesprochen, wenn eine Person trotz Einschränkungen ihren Zahlungsverpflichtungen aus dem laufenden Einkommen nicht mehr nachkommen kann.

Eine Verschuldung ist in der Regel nichts Schlimmes und in vielen Fällen auch ein notwendiges Instrument. Kritisch wird es erst, wenn eine Person von einer Verschuldung in eine Überschuldung gerät.
Mögliche Anzeichen einer Überschuldung können Mietrückstände oder auch die Stundung (die vorübergehende Aussetzung) von Kreditraten sein.
Die Gründe, weshalb eine Person in eine Überschuldung gerät, sind unterschiedlich. Neben unvorhergesehenen Ereignissen wie Krankheit oder Arbeitslosigkeit kann auch eine mangelnde Fähigkeit im Umgang mit Geld die Ursache einer Überschuldung sein.

Ist eine Person in eine Überschuldung geraten oder wünscht generell Hilfe in finanziellen Angelegenheiten, so kann sie sich bei den ortsansässigen Schuldnerberatungsstellen Rat holen. Dort kann sich die betreffende Person auch über das Insolvenzverfahren informieren, mit dem der Schuldner nach Ablauf einer Frist von den nicht erfüllten Verbindlichkeiten befreit wird.

1. Erkläre mit eigenen Worten den Unterschied zwischen einer Ver- und Überschuldung.

____

____

____

2. Informiere dich bei einer Schuldnerberatungsstelle vor Ort über das Insolvenzverfahren und notiere die Voraussetzungen sowie den Ablauf des Verfahrens stichpunktartig.

____

____

____

Bevor du ein Beratungsgespräch in einer Bank wahrnimmst, solltest du dir Folgendes bewusst machen: Die Bank bietet dem Kunden in der Regel gerne einen Kredit an, da der Kunde für den Kredit schließlich zahlt. Je höher der Zinssatz ist, desto mehr Zinsen und Gebühren nimmt die Bank ein.
Gleichzeitig erwartet der Kunde von der Bank, möglichst gut beraten zu werden und Informationen und Produkte zu erhalten, die auf die eigenen Bedürfnisse zugeschnitten sind. Dabei ist der Wunsch des Kunden häufig ein Kredit mit einem geringeren Zinssatz.
So kann es sein, dass in einem Gespräch zwei unterschiedliche Interessen aufeinandertreffen.

Deshalb ist es umso wichtiger, gut vorbereitet in ein Beratungsgespräch zu gehen. Wenn du gut vorbereitet bist, hast du mehr von dem Gespräch. Denn je informierter du bist und je mehr Informationen du bereits gesammelt hast, umso eher kannst du dir sicher sein, dass du auch das deinen Wünschen entsprechende Produkt erhältst.

Welche Vorbereitungen sind zu treffen?
Zunächst solltest du dir genau überlegen, wie hoch dein tatsächlicher Kreditbedarf ist. Zudem ist es notwendig, dass du dir einen Überblick über deine monatlichen Einnahmen und Ausgaben verschaffst. Dies ist wichtig, um festzustellen, wie hoch deine monatlichen Kreditraten sein können. Denn je höher die Kreditrate, desto geringer wird auch dein finanzieller Spielraum sein.

Erkundige dich vor dem Termin, welche Unterlagen du zum Gespräch mitbringen sollst. Es ist üblich, dass für die Aufnahme eines Kredits beispielsweise dein Ausbildungsvertrag und/oder ein Einkommensnachweis sowie eine Aufstellung der monatlichen Einnahmen und Ausgaben verlangt werden.

Was ist das Ziel eines Beratungsgesprächs?
Bei einem Gespräch zur Kreditaufnahme klärt der Berater, ob sich der Kunde den gewünschten Kredit leisten kann und ob genügend Sicherheiten als „Pfand" für den Kredit vorhanden sind. Gleichzeitig wird überprüft, ob der Kunde neben den festen monatlichen Beträgen, die zu zahlen sind, noch einen „Notgroschen" für unvorhergesehene Ausgaben übrig hat.

Wichtig ist es, alle Fragen des Beraters wahrheitsgemäß zu beantworten.

1. Begründe, warum die Vorbereitung auf ein Kreditgespräch so wichtig ist.

Um gut vorbereitet in ein Beratungsgespräch zu gehen, solltest du dir bereits vor dem Gespräch die Fragen überlegen, die du vom Berater beantwortet haben möchtest.

1. Formuliere eigene Fragen, die du dem Berater bei einem Kreditgespräch stellen würdest. Trage die Fragen auf dem Notizzettel ein.
Stelle deine Fragen so, dass du auch alle für dich notwendigen Informationen zu den folgenden Punkten erhältst:
- Höhe des Kredits
- Laufzeit des Kredits
- Ratenhöhe/Anzahl der Raten
- effektiver Jahreszins
- Sicherheiten
- Rückzahlung
- …

Mein Weg zum Kredit:
Was will/muss ich von der Bank wissen? Welche Fragen stelle ich?

Ein Kreditgespräch in einer Bank ist von großer Bedeutung.
In der Regel werden bei einem Beratungsgespräch Kreditverträge abgeschlossen, die nur unter erschwerten Bedingungen wieder aufgelöst werden können.

Vielleicht sind dir im Internet oder in der täglichen Werbung mit der Tageszeitung schon verlockende Kreditangebote begegnet, die direkt im Internet abgeschlossen werden können.
Internetbanken winken häufig mit besonders günstigen Konditionen und einer schnellen Kreditzusage. Entscheidest du dich für einen Onlinekredit, dann wäre ein persönliches Beratungsgespräch in einer Bank nicht mehr notwendig. Allerdings solltest du genau prüfen, ob die zunächst guten Konditionen bei Onlineangeboten auch tatsächlich vergeben werden. Dein erster Weg vor einer Kreditaufnahme sollte dich zu einer Bank führen, die du schon kennst und der du bisher vertrauen konntest.

Für jedes Beratungsgespräch, ganz gleich, ob für die Geldanlage oder für einen Kredit gilt: nichts überstürzen! Unterschreibe den Vertrag erst, wenn du dir absolut sicher bist.

Kreditzusage
Eine Kreditzusage ist eine Verpflichtung eines Kreditinstituts, dem Kunden den Kredit auszuzahlen.

1. Um euch auf ein eigenes zukünftiges Kreditgespräch vorzubereiten, ladet euch einen Experten aus der Bank ein und führt mit dem Berater ein Rollenspiel zum Kreditgespräch durch. Überlegt euch hierfür ein Beispiel für eine Kreditaufnahme. Berücksichtigt dabei die auf Seite 55 zusammengestellten notwendigen Informationen und Fragen.

2. Beschreibe das Rollenspiel genau und werte aus, ob die auf Seite 57 aufgeführten Punkte angesprochen oder beachtet wurden. Trage die Ergebnisse in den Beobachtungsbogen ein.

3. Bewerte nun das Rollenspiel zum Kreditgespräch. Wer hatte den größten Gesprächsanteil, der Kunde oder der Berater? Beschreibe das Verhalten und das Auftreten des Beraters und gib eine begründete Einschätzung über das Gespräch ab.

Beobachtungsbogen

Wichtige Punkte, die im Kreditgespräch behandelt werden sollten.	Wurden die genannten Punkte im Rollenspiel angesprochen oder beobachtet? Notiere deine Beobachtungen.
Kreditantrag: Der Antrag muss schriftlich erfolgen. Der Kreditantrag enthält die folgenden Punkte: – Name der Person – Höhe und Laufzeit des Kredits – Konditionen, Höhe des effektiven Jahreszinses – Verwendungszweck des Kredits – Sicherheiten – Rückzahlungsmöglichkeiten	
Kreditwürdigkeit/Kreditfähigkeit: – Prüfung der materiellen und persönlichen Kreditwürdigkeit – Prüfung der Kreditfähigkeit – Schufa-Abfrage	
Kreditzusage/Kreditabsage: – Kreditzusage oder Kreditabsage ist erfolgt. – Bereitstellung des Kredits	
Allgemeine Beobachtungen: – Wurde der Kunde darüber informiert, dass nach der vereinbarten Laufzeit (Festzinsbindung) die Kreditkonditionen neu verhandelt werden müssen? – Wurde der Kunde über zusätzliche Kosten informiert? – Wurden dem Kunden die AGB (Allgemeinen Geschäftsbedingungen) ausgehändigt?	
Eigene Anmerkungen und Auffälligkeiten:	

B Eva freut sich, dass sie endlich eine feste Vollzeitstelle als Floristin gefunden hat. „Das wurde auch Zeit", denkt sie sich. Denn sie hatte es satt, immer nur mit der geringen Ausbildungsvergütung auskommen zu müssen. Nun braucht sie nicht mehr jeden Cent zweimal „umzudrehen". Im Gegenteil: Sie hat nun genügend Geld, um sich endlich auch mal ein paar Dinge leisten zu können.

Eva hat sich vorgenommen, gleich mit dem ersten Gehalt regelmäßig einen Teil des Geldes zu sparen und auch einen Betrag fürs Alter zurückzulegen.

So wie Eva geht es vielen jungen Leuten, wenn sie ihr erstes eigenes Geld verdienen. Einerseits besteht vielleicht der Wunsch, mal wieder in Urlaub zu fahren oder für ein Auto zu sparen. Andererseits sollte neben dem Abschluss von Versicherungen auch etwas fürs Alter angelegt werden. Denn mit dem ersten Gehalt stehen die Jugendlichen auch vor der Entscheidung, wie und wie viel Geld sie für den Vermögensaufbau zurücklegen. Dabei sollten die Vermögensbildung und die Altersvorsorge nicht getrennt voneinander betrachtet werden.

Für eine zielgerichtete Vermögensbildung und Altersvorsorge ist ein „Notgroschen" für unvorhergesehene Ereignisse ebenso wichtig wie ein Anlagekonto, auf dem regelmäßig für größere Anschaffungen Geld eingezahlt wird.

1. Wie willst du dein erstes eigenes Geld verwenden? Setze dich mit deinen Sparzielen auseinander:

a) Was ist mein Sparziel?

Mein Sparziel:

___

b) Wie viele Tage/Wochen/Monate/Jahre plane ich, um mein Sparziel zu erreichen?

Dauer des Sparens:

___

c) Wie viel kann und muss ich monatlich sparen, um mein Sparziel zu erreichen?

Monatlicher Sparbetrag:

___

d) Wer oder was kann mir helfen, mein Sparziel schneller zu erreichen? Habe ich zusätzliche Einnahmequellen? Wenn ja, welche?

Zusätzliche Einnahmequellen:

___

e) Was könnte mir schwerfallen bei der Umsetzung? Mit welchen Stolpersteinen muss ich rechnen?

Stolpersteine:

___

Heute an morgen denken!

Wenn du Geld sparen möchtest, solltest du überlegen, ob du dir kurz-, mittel- oder langfristig Wünsche erfüllen möchtest. Oder ob du bereits heute fürs Alter vorsorgen möchtest. Je langfristiger und größer deine Ziele und Wünsche sind, umso wichtiger ist es, früh genug zu planen. Dabei ist ein Sparen in Etappen sinnvoll, um Schritt für Schritt die richtige Entscheidung zu treffen.

Sparbeiträge müssen mit dem regelmäßigen Einkommen wie z. B. dem monatlichen Ausbildungslohn abgestimmt werden. Als Faustregel wird empfohlen, monatlich 10 Prozent des Einkommens zu sparen.

Für die Vermögensbildung und die Altersvorsorge ist es wichtig, in unterschiedlichen Zeitphasen zu denken. Es gibt sozusagen einen Topf für kurzfristig, einen für mittelfristig und einen für langfristig angelegtes Geld.

Diese Zeitphasen kannst du dir wie eine Terrasse vorstellen. Deshalb wird auch vom sogenannten **Terrassenmodell** gesprochen.

Was bedeutet das?

So wie das Wasser aus einem Topf überläuft, sobald der Topf gefüllt ist, sollte auch das Geld in den Topf der nächsten Stufe laufen, sobald der Topf auf einer Stufe geflutet ist (vergleiche die Grafik unten). Das Geld vom Girokonto sollte also ab einem bestimmten Betrag weiter in die kurz-, mittel- und langfristigen Anlageformen fließen. Damit finden sich in allen Töpfen auf den verschiedenen Stufen finanzielle Reserven. So besteht nicht die Gefahr, bei kurz- oder mittelfristigen Anschaffungen z. B. auf das für die Altersvorsorge bestimmte Geld zurückgreifen zu müssen.

Das Terrassenmodell ist eine finanzielle Orientierung für verschiedene Lebenslagen. Wenn notwendig, kann Geld aus dem Topf der jeweiligen Terrasse entnommen und diese anschließend wieder nach Möglichkeit aufgefüllt werden.

Hinweis:

Für die einzelnen Terrassen sind verschiedene Finanzprodukte sinnvoll. Diese lernst du auf den folgenden Seiten kennen, auf denen dir unterschiedliche Anlageformen vorgestellt werden.

Und so funktioniert das Terrassenmodell:

Terrasse 1:
Zweck: laufender Zahlungsverkehr über das Girokonto
Empfohlene Summe: max. 1 Monatsgehalt
Finanzprodukt: Girokonto

Terrasse 2:
Zweck: Rücklagen für kurzfristige Anschaffungen wie Urlaub, Elektrogeräte, Reparaturen
Empfohlene Summe: max. 3 bis 6 Monatseinnahmen
Finanzprodukt: Tagesgeldkonto, Sparbuch

Terrasse 3:
Zweck: größere Anschaffungen, die mittelfristig anstehen (z. B. ein Auto)
Empfohlene Summe: alles, was die Terrassen 1 und 2 übersteigt
Finanzprodukt: Anleihen, Spareinlagen

Terrasse 4:
Zweck: langfristige Anlagen zum Vermögensaufbau und zur Altersvorsorge
Empfohlene Summe: alles, was über die Terrassen 1 bis 3 fließt
Finanzprodukt: Sparbriefe, Riester-Rente, Immobilien

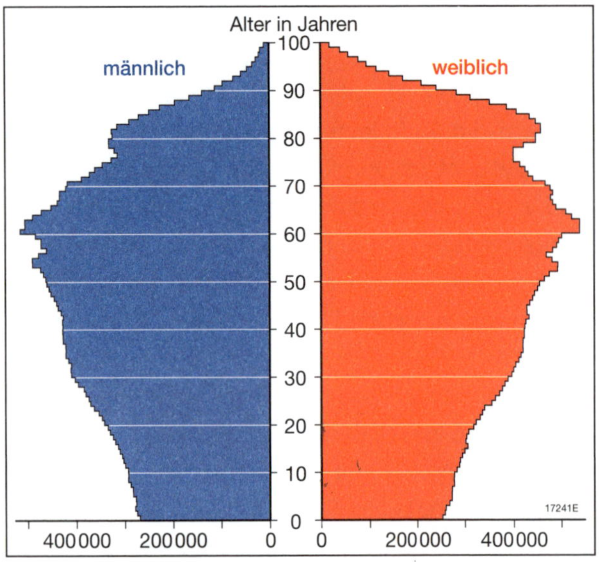

Prognostizierte Altersverteilung für Deutschland im Jahr 2050

Demografischer Wandel
Deutschland hält seit 1973 einen traurigen Rekord. Es war das erste Land, in dem die Zahl der Sterbefälle höher war als die Zahl der Geburten. Die Geburtenzahl in Deutschland ist allein in den letzten Jahren um 22 Prozent gesunken. Das heißt: Deutschland wird älter!

Während die Geburtenrate in Deutschland abnimmt, steigt die Lebenserwartung der Menschen dagegen ständig an. Aus diesem Grund wird sich auch das Durchschnittsalter weiter erhöhen. Diese Situation wird als **demografischer Wandel** bezeichnet.

Gesetzliche Rentenversicherung
Die gesetzliche Rentenversicherung gehört in Deutschland zum Sozialversicherungssystem. Die Finanzierung erfolgt durch ein Umlageverfahren. Das heißt, dass die von den gesetzlich Versicherten eingezahlten Beträge direkt an die derzeitigen Rentner ausgezahlt werden. Wer Beiträge in die Rentenkasse einzahlt, bezahlt somit die Renten der aus dem Erwerbsleben ausgeschiedenen Personen und sichert sich gleichzeitig einen Anspruch auf seine eigene zukünftige Rente (Generationenvertrag).

Durch den demografischen Wandel ist auch die gesetzliche Rentenversicherung in der Krise.
Die eingezahlten Beiträge von den Arbeitnehmern reichen schon heute nicht mehr aus, um die Ausgaben für die Rente zu finanzieren.

Da in Zukunft durch den demografischen Wandel immer mehr Empfänger auf weniger Beitragszahler treffen, entstehen Lücken in der Finanzierung, sodass der zukünftige Rentner nun mit noch weniger Rente rechnen muss.
Besonders für euch als junge Generation ist es deshalb wichtig, so früh wie möglich für das Alter vorzusorgen. Denn wer im Rentenalter gesichert leben will, muss selbst etwas dafür tun.
Hierfür gibt es zwei Möglichkeiten: die **betriebliche** und die **private** Altersvorsorge. Im Idealfall solltest du beide Möglichkeiten ausschöpfen.

1. Analysiere die Grafik. Erläutere anschließend, welche Konsequenzen der demografische Wandel für dich als Jugendliche/Jugendlicher hat.

Die betriebliche Altersvorsorge ist neben der gesetzlichen Pflichtversicherung und der privaten Vorsorge eine Säule der Altersvorsorge.

Wer in der gesetzlichen Rentenversicherung pflichtversichert ist, hat einen Anspruch auf eine sogenannte **Entgeltumwandlung**. Dabei verpflichtet sich der Arbeitgeber auf Wunsch des Arbeitnehmers, einen Teil des Lohns oder Gehalts direkt in die betriebliche Altersvorsorge abzuführen. Der Arbeitnehmer kann dabei seinen Beitrag direkt aus dem Bruttolohn finanzieren, wobei es verschiedene Formen der betrieblichen Altersvorsorge gibt.

Der Vorteil: Es ergibt sich in der Regel eine geringere Belastung bei den Steuern und Sozialabgaben. Die steuerlichen Vorteile unterscheiden sich u. a. nach der Form der betrieblichen Altersvorsorge.

Die drei Säulen der Altersvorsorge

Gesetzliche Pflichtversicherung | **Betriebliche Altersvorsorge** | **Private Vorsorge**

B Petra verdient als Fachverkäuferin im Lebensmittelhandwerk 1724 Euro brutto. Sie ist ledig und hat ein Kind. Ihren Arbeitgeber hat sie dazu beauftragt, jeden Monat von ihrem Bruttogehalt 100 Euro in eine betriebliche Altersvorsorge einzuzahlen.

Beispielrechnung

	ohne betriebliche Altersvorsorge (Beträge in Euro)	**mit** betrieblicher Altersvorsorge (Beträge in Euro)
monatliches Bruttoeinkommen	1724,00	1724,00
Umwandlungsbetrag	0,00	100,00
steuerpflichtiges Bruttoeinkommen	1724,00	1624,00
Sozialversicherungsabgaben	579,19	529,09
verfügbares monatliches Nettoeinkommen	1144,81	1094,91
tatsächlicher Nettoaufwand		49,90

Der tatsächliche Mehraufwand für Petra beträgt nur 49,90 Euro im Monat, obwohl jeden Monat 100 Euro in ihre betriebliche Altersvorsorge fließen.

1. Erläutere das Prinzip der Entgeltumwandlung mit eigenen Worten.

Die gesetzliche Rentenversicherung ist immer wieder Reformen ausgesetzt. Der Staat möchte, dass das Niveau der gesetzlichen Rente gesenkt wird. Da der Staat die Rente zahlt, möchte er somit Kosten einsparen. Dafür soll der Bürger die Kosten tragen. Der Staat sieht nämlich die Gefahr, dass er nicht in der Lage ist, allen Bürgern im Alter eine Rente zu zahlen. Denn die Menschen werden immer älter und es gibt immer mehr Rentner. Im Gegenzug werden nur wenige Kinder geboren.

Da die Bürger aber im Rentenalter nicht einfach mit weniger Geld auskommen können, möchte der Staat, dass sie selber schon früh anfangen, für die Rente zu sparen. Der Bürger wird somit stärker zur Kasse gebeten. Er soll selbst mehr Verantwortung für seine Rente übernehmen. So möchte es der Staat. Dafür fördert der Staat dann die Personen mit Zuschüssen und Prämien, die bestimmte Rentenverträge abschließen. Das Problem dabei ist, dass viele aber kein oder wenig Geld haben, um für das Alter selbst vorzusorgen. Diesen Bürgern könnte dann die Altersarmut drohen.

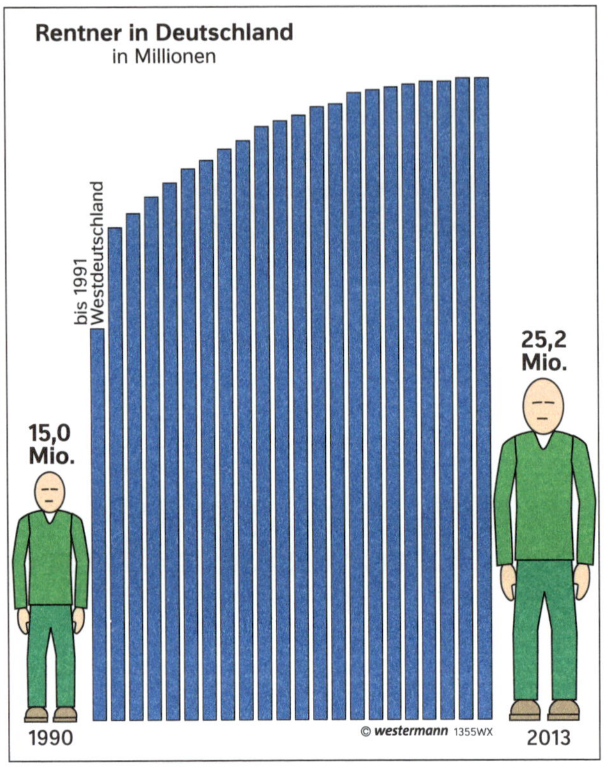

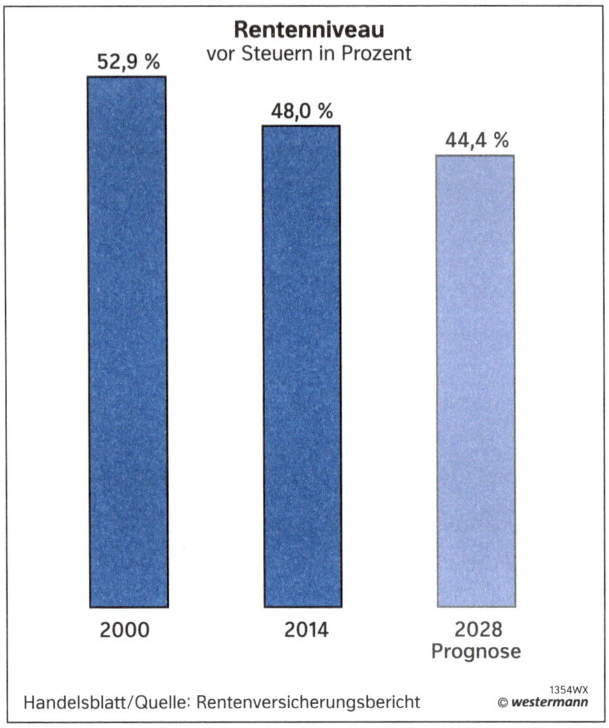

1. Erkläre, warum das Rentenniveau sinkt.

2. Erläutere die Gründe, warum der Staat möchte, dass die Bürger sich selbst um ihre Rente kümmern.

Hier ist eine Übersicht zu den Sparmotiven und Anlageformen:

Sparmotive und Anlageformen

Sparmotive	• Rücklagen für Notfälle • Sparen für bestimmte Anschaffungen (Zwecksparen)	• Vermögensanlage • Zukunftssicherung • Altersvorsorge	• Immobilienerwerb
Anlageformen	z. B. – Sparbuch, – Sparbriefe, – Sondersparformen, – …	z. B. – Wertpapiersparen, – Aktien, – Investmentfonds, – festverzinsliche Wertpapiere, – Riester-Rente, – …	z. B. – Bausparen, – …

Im Folgenden erhältst du Informationen zu verschiedenen Anlageformen.
Die Notizzettel sollen dir helfen, wichtige Informationen zu den einzelnen Produkten, die dir auf den nächsten Seiten vermittelt werden, noch mal eigenständig zu notieren. Sie sollen dir dabei einen Überblick geben, auf den du bei Bedarf immer schnell zurückgreifen kannst.

Die wichtigsten Infos zu:	
Sparbuch	
Aktien	
Vermögenswirksame Leistungen	

Rücklagen für Notfälle und Sparen für bestimmte Anschaffungen (Zwecksparen)
Sparen bedeutet Konsumverzicht, denn das Geld wird nicht ausgegeben, sondern aufbewahrt.

Während das Girokonto für die Abwicklung des Zahlungsverkehrs genutzt wird, eignet sich das Sparbuch zum Sparen für bestimmte Anschaffungen.

Das Girokonto
Auf dem Girokonto werden meistens keine oder nur geringe Guthabenzinsen gezahlt. Ein Girokonto ist notwendig für die Abwicklung des laufenden Zahlungsverkehrs, wie für Überweisungen und Lastschriften.

Für größere Summen empfiehlt sich ergänzend ein Geldmarkt- oder Tagesgeldkonto, auf dem das Geld besser verzinst wird und es trotzdem täglich verfügbar bleibt.

Das Sparbuch
Die klassische Anlageform für den Notgroschen ist das Sparbuch. Bei einem Sparkonto mit dreimonatiger Kündigungsfrist können 2000 Euro pro Monat ohne vorherige Kündigung abgehoben werden. Beträge über 2000 Euro sind vorher zu kündigen oder es ist eine Vorfälligkeitsentschädigung zu zahlen. Dafür, dass die Beträge auf dem Sparbuch schnell wieder verfügbar sind, ist die Verzinsung beim Sparkonto relativ gering (in der Regel ein bis zwei Prozent pro Jahr). Da heutzutage neben dem Sparbuch viele alternative Anlageformen hinzugekommen sind, hat das Sparbuch ein wenig an Bedeutung eingebüßt. Grundsätzlich erfreut sich das Sparbuch in der Bevölkerung aber immer noch einer großen Beliebtheit. Immer mehr Banken sind vom klassischen Sparbuch abgewichen und stellen den Kunden mittlerweile ein Loseblatt-Sparbuch aus. Beim Loseblatt-Sparbuch erhält der Sparer regelmäßig Kontoauszüge per Post oder er ruft den Kontostand sowie die Kontobewegungen eigenständig mit einer Karte am Kontoauszugsdrucker ab.

1. Werte das Girokonto und das Sparbuch anhand der folgenden Kriterien aus und trage deine Ergebnisse in die Tabelle ein.

	Girokonto	Sparbuch
Beschreibung		
Zinsen		
Vorteile		
Nachteile		

Sondersparformen:

Um die Anlage von Geld für den Kunden noch attraktiver zu machen, haben Banken Sondersparformen entwickelt, die sich vom Sparbuch durch eine höhere Verzinsung unterscheiden. Dazu zählt z. B. das Prämiensparen, bei dem der Sparer nach Ablauf einer bestimmten Anlagedauer neben den Zinsen einen einmaligen Bonus (Prämie) auf die monatlich eingezahlten Beiträge erhält. Der monatliche Mindestbetrag für diese Sondersparform beträgt bei vielen Kreditinstituten 25 Euro.

Neben dieser Form des Kontensparens bieten Banken auch Sparbriefe und Sparschuldverschreibungen an. Sparbriefe und Sparschuldverschreibungen nehmen eine Zwischenstellung zwischen Spareinlagen auf Konten und festverzinslichen Wertpapieren ein. Was festverzinsliche Wertpapiere sind, erfährst du auf Seite 68.

Sparbriefe:

Ein Sparbrief ist ein festverzinsliches Anlageprodukt. Das heißt, dass die Höhe der Zinsen bereits im Vorfeld für die gesamte Laufzeit festgelegt wird. Der Sparer weiß dadurch genau, wie viel Zinsen er am Ende erhält. Der Mindestanlagebetrag bei Sparbriefen kann bei Banken unterschiedlich sein. Er liegt jedoch häufig bei 2500 Euro als Einmaleinzahlung.

Die Laufzeit bei Sparbriefen beträgt ein bis maximal zehn Jahre. Beim Kauf eines Sparbriefes fallen meistens keine Kosten oder Gebühren an.

Es gibt verschiedene Formen von Sparbriefen. In der Regel wird der normale Sparbrief zum Nennwert (= der zu verzinsende Schuldbetrag) gekauft. Die Zinszahlung erfolgt jährlich zum Jahresende. Über die Zinsen kann der Sparer innerhalb von zwei Monaten nach Zinsgutschrift frei verfügen.

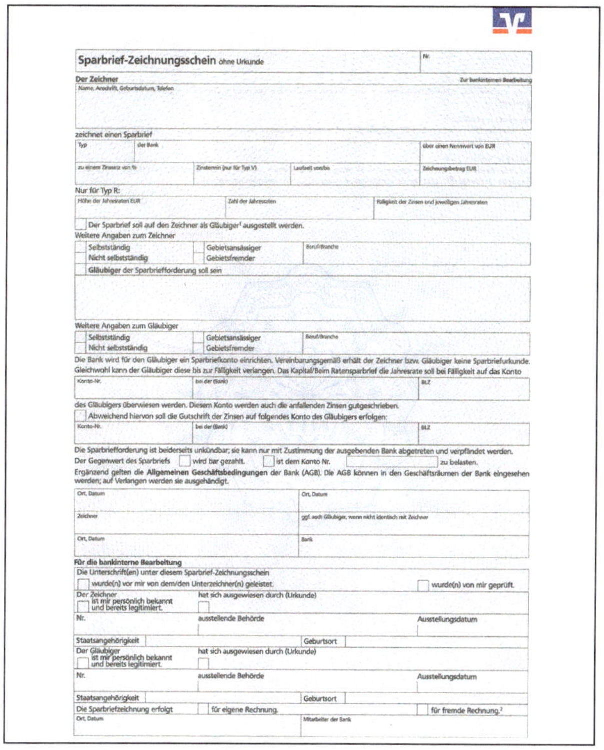
Sparbrief-Zeichnungsschein ohne Urkunde | Nr.
Der Zeichner | Zur bankinternen Bearbeitung
Name, Anschrift, Geburtsdatum, Telefon
zeichnet einen Sparbrief
Typ | der Bank | über einen Nennwert von EUR
zu einem Zinssatz von % | Zinstermin (nur für Typ V) | Laufzeit von/bis | Zeichnungsbetrag EUR
Nur für Typ R:
Höhe der Jahresraten EUR | Zahl der Jahresraten | Fälligkeit der Zinsen und jeweiligen Jahresraten
☐ Der Sparbrief soll auf den Zeichner als Gläubiger[1] ausgestellt werden.
Weitere Angaben zum Zeichner
☐ Selbstständig ☐ Nicht selbstständig | ☐ Gebietsansässiger ☐ Gebietsfremder | Beruf/Branche
☐ **Gläubiger** der Sparbriefforderung soll sein
Weitere Angaben zum Gläubiger
☐ Selbstständig ☐ Nicht selbstständig | ☐ Gebietsansässiger ☐ Gebietsfremder | Beruf/Branche
Die Bank wird für den Gläubiger ein Sparbriefkonto einrichten. Vereinbarungsgemäß erhält der Zeichner bzw. Gläubiger keine Sparbriefurkunde. Gleichwohl kann der Gläubiger diese bis zur Fälligkeit verlangen. Das Kapital/Beim Ratensparbrief die Jahresrate soll bei Fälligkeit auf das Konto
Konto-Nr. | bei der (Bank) | BLZ
des Gläubigers überwiesen werden. Diesem Konto werden auch die anfallenden Zinsen gutgeschrieben.
☐ Abweichend hiervon soll die Gutschrift der Zinsen auf folgendes Konto des Gläubigers erfolgen:
Konto-Nr. | bei der (Bank) | BLZ
Die Sparbriefforderung ist beiderseits unkündbar; sie kann nur mit Zustimmung der ausgebenden Bank abgetreten und verpfändet werden.
Der Gegenwert des Sparbriefs ☐ wird bar gezahlt. ☐ ist dem Konto Nr. ____ zu belasten.
Ergänzend gelten die **Allgemeinen Geschäftsbedingungen** der Bank (AGB). Die AGB können in den Geschäftsräumen der Bank eingesehen werden; auf Verlangen werden sie ausgehändigt.
Ort, Datum | Ort, Datum
Zeichner | ggf. auch Gläubiger, wenn nicht identisch mit Zeichner
Ort, Datum | Bank
Für die bankinterne Bearbeitung
Die Unterschrift(en) unter diesem Sparbrief-Zeichnungsschein
☐ wurde(n) vor mir von dem/den Unterzeichner(n) geleistet. ☐ wurde(n) von mir geprüft.
Der Zeichner ☐ ist mir persönlich bekannt und bereits legitimiert. | hat sich ausgewiesen durch (Urkunde) ☐
Nr. | ausstellende Behörde | Ausstellungsdatum
Staatsangehörigkeit | Geburtsort
Der Gläubiger ☐ ist mir persönlich bekannt und bereits legitimiert. | hat sich ausgewiesen durch (Urkunde) ☐
Nr. | ausstellende Behörde | Ausstellungsdatum
Staatsangehörigkeit | Geburtsort
Die Sparbriefzeichnung erfolgt ☐ für eigene Rechnung. ☐ für fremde Rechnung.[2]
Ort, Datum | Mitarbeiter der Bank

Schuldverschreibungen

Dies sind zinsbringende Wertpapiere, die zur langfristigen Kapitalanlage dienen. Der Aussteller des Wertpapiers verpflichtet sich zur Zahlung einer bestimmten verzinslichen Geldsumme.

Rendite

Rendite ist das Verhältnis der Einzahlungen zu den Auszahlungen einer Geldanlage. Die Rendite wird in Prozent angegeben.

$$\text{Rendite} = \frac{\text{durchschnittlicher Jahresertrag} \times 100}{\text{Kapitaleinsatz}}$$

1. Analysiere, welche Nachteile sich für den Anleger bei der Anlage in einem Sparbrief ergeben können. Notiere zwei Nachteile:

1. ______________________________

2. ______________________________

2. Setze dich mit den verschiedenen Möglichkeiten, Geld anzulegen, auseinander. Nimm Stellung dazu, welche Anlageform für dich geeignet ist, wenn du monatlich 30 Euro deines Taschengeldes sparen möchtest.

____

____

____

Sicherlich hörst du auch täglich im Radio oder im Fernsehen die Begriffe Aktien, Dax, Dividende und Börse. Doch was bedeuten diese Begriffe eigentlich?

Eine **Aktie** ist eine Urkunde, die bestätigt, dass du Anteile an dem auf der Urkunde genannten Unternehmen in der bezeichneten Höhe besitzt (Anteilschein). Ein Unternehmen, das Geld benötigt, kann diese Anteilscheine ausgeben und zur Aktiengesellschaft werden. Ein Aktionär ist, wie ein Unternehmer, an dem Unternehmen in guten wie in schlechten Zeiten beteiligt.

Der Aktionär verspricht sich von seinem Geldeinsatz bzw. vom Kauf der Aktie einen Gewinn. Aber er muss immer damit rechnen, dass er im schlimmsten Fall sein eingesetztes Kapital wieder verlieren kann. Da dieses Risiko überschaubar ist, gehen es viele Aktionäre ein. Mit der Aktie sind hohe Ertragschancen möglich, denn die Rendite (der Ertrag) hängt vom Kursverlauf der Aktie ab. Ein Aktionär ist auch durch Dividenden am Gewinn beteiligt. Die **Dividende** ist ein Teil des Gewinns, den die Aktiengesellschaft an die Aktionäre ausschüttet.

Die **Börse** ist ein öffentlicher Markt, auf dem Angebot und Nachfrage nach Wertpapieren zusammentreffen. Die börsennotierten Aktien bzw. Wertpapiere haben täglich wechselnde Preise, Kurse genannt, die sich aus Angebot und Nachfrage bilden. Will ein Anleger seine Wertpapiere tauschen oder sein eingesetztes Geld (Kapital) zurückhaben, verkauft er diese über die Börse an jemand anderen. Je nachdem, ob der Kurs der Aktie zum Zeitpunkt des Verkaufs über oder unterhalb des gezahlten Kaufpreises für die Aktie liegt, macht der Aktionär Gewinn oder Verlust. Die Kursentwicklung von Aktien hängt von vielen Faktoren ab und kann kaum vorhergesagt werden. Nicht nur die Entwicklung eines Unternehmens sondern z. B. auch Terroranschläge haben Einfluss auf den Aktienkurs.
Für den Kauf- und Verkauf von Aktien fallen, je nach Kreditinstitut, unterschiedliche Gebühren an. Die Aktien werden auf ein Depotkonto bei einer Bank verbucht, für das ebenfalls in der Regel Gebühren zu zahlen sind.

DAX

Der DAX, Deutscher Aktienindex, spiegelt die Entwicklung der 30 größten und umsatzstärksten deutschen Unternehmen wider. Während der Handelszeit an den Börsen wird der DAX ständig aktualisiert.

1. Schaue dir die Kursentwicklung von drei Unternehmen aus dem DAX zu zwei unterschiedlichen Zeitpunkten an. Notiere den Stand des Aktienkurses zu einem bestimmten Zeitpunkt im letzten Monat und zu einem fixen Zeitpunkt vor sechs Monaten. Trage die Ergebnisse in die Tabelle ein.

	Zeitpunkt im letzten Monat **Ausgewähltes Datum:** **___.___. 20____**	**Zeitpunkt vor sechs Monaten** **Ausgewähltes Datum:** **___.___. 20____**
Kurs der Aktie, Unternehmen 1		
Kurs der Aktie, Unternehmen 2		
Kurs der Aktie, Unternehmen 3		

2. Recherchiere auf der Homepage dieser DAX-Unternehmen (siehe Aufgabe 1) nach Informationen, die die Kursentwicklungen beeinflusst haben könnten.

Einen **Fonds** kannst du dir als einen Topf vorstellen, in dem viele Anleger gemeinsam Geld einzahlen. Das Geld wird dann von ausgebildeten Fondsmanagern möglichst gewinnbringend angelegt. Die Zusammensetzung des Fonds (Topf) kann ständig aktualisiert werden. In der Fachsprache spricht man dann auch von einem Investmentfonds.
In einen Investmentfonds zahlen viele private Anleger gemeinsam Geld ein. Jeder Anleger erwirbt mit dem eingezahlten Geld Anteile am Fonds (auch: Anteilscheine) und wird (Mit-) Eigentümer am Fondsvermögen.

Die Anlage in Fonds bietet viele Vorteile: Eine Fondsanlage ist ab einem Betrag von monatlich 25 Euro möglich. Da viele Anleger viele kleine Sparbeträge in den Fonds einzahlen, ergibt sich ein großes Fondsvermögen. Dieses große Vermögen der privaten Anleger kann der Fondsmanager auf verschiedenen Märkten und in verschiedenen Wertpapieren anlegen. Durch diese sogenannte Risiko-Streuung wird das Risiko für den einzelnen Anleger sehr viel geringer, als wenn beispielsweise einzelne Aktien gekauft werden. Ein weiterer Vorteil ist, dass die Anteile jederzeit gekauft und verkauft werden können.
Dafür, aber auch für die Verwaltung des Fonds werden jedoch Kosten erhoben.

Eine Geldanlage für jedermann
Je nachdem, ob ein Investmentfonds das Vermögen überwiegend in Aktien, festverzinslichen Anleihen oder Immobilien investiert, bietet er unterschiedliche Renditen und Risiken. Jeder Anleger kann sich für einen Fonds seiner Wahl entscheiden oder auch Geld in verschiedene Fonds investieren. Es gibt Fonds für Anleger, die eine hohe Rendite wünschen, und Fonds für solche, die weniger riskieren und eher auf Nummer sicher gehen wollen.

1. Erläutere den Vorteil eines Investmentfonds für einen Anleger gegenüber der Geldanlage in Aktien.

Festverzinsliche Wertpapiere sind ein Sammelbegriff für besonders zinsertragreiche Wertpapiere. Sie werden auch als Anleihen oder Renten bezeichnet. Bei festverzinslichen Wertpapieren erfolgt eine regelmäßige Zinszahlung, und das eingesetzte Kapital wird am Ende der Laufzeit zum Nennwert wieder zurückgezahlt.
Festverzinsliche Wertpapiere sind häufig börsennotiert und lassen sich in der Regel jederzeit wieder verkaufen. Beim vorzeitigen Verkauf kann allerdings ein Kursrisiko eintreten, da die Anleihe dann zum tagesaktuell gültigen Kurs verkauft wird, der unter dem Kaufpreis liegen kann. Im Allgemeinen sind festverzinsliche Wertpapiere sicherer als der direkte Erwerb einer Aktie. Um zu klären, was festverzinsliche Wertpapiere sind, zerlegt man den Begriff am besten in seine Bestandteile „Wertpapier" und „festverzinslich".

Wertpapier: Ein Wertpapier ist eine Urkunde, die ein privates Recht verbrieft. So sind Aktien Wertpapiere, weil man dadurch Eigentumsrechte an einem Unternehmen erwirbt. Dieses Recht ist unmittelbar mit der Urkunde verbunden. Im Gegensatz zur Aktie erwirbt der Käufer einer Anleihe keinen Anteil am Eigenkapital des Unternehmens, sondern gewährt ihm Kredit.

Festverzinsliche Wertpapiere: Entscheidet sich ein Käufer für festverzinsliche Wertpapiere, so werden Papiere gewählt, auf die Zinsen gezahlt werden und auf denen die gezahlten Zinsen vorab bereits feststehen (festverzinsliche Wertpapiere). Dadurch erhält der Anleger die Sicherheit, genau den vereinbarten Zins zu erhalten. Aufgrund dieser Sicherheit ist die Rendite beispielsweise geringer als bei Aktien.

Beim Kauf eines festverzinslichen Wertpapiers ist auf die Bonität, die Kreditwürdigkeit, des Schuldners zu achten. Die Einschätzung der Bonität des Schuldners wird als **Rating** bezeichnet. Mit dem Rating werden Anhaltspunkte über die termin- und beitragsgerechte Rückzahlung gegeben. Das Rating dient zur Risikoeinschätzung.
Häufig werden Ratings durch Ratingagenturen in Form von Ratingcodes abgegeben. Diese reichen beispielsweise von AAA (Triple A) bis CC. Während Anleihen mit der Buchstabenkombination AAA als sicher eingestuft werden, wird das Ausfallrisiko bei CC als hoch eingestuft.

1. Erkläre mit eigenen Worten, was festverzinsliche Wertpapiere sind.

Seit einigen Jahren besteht die Möglichkeit, mithilfe staatlicher Unterstützung etwas für die Altersvorsorge zu tun. Gemeint ist die staatliche **Riester-Förderung**. Dabei handelt es sich um Zuschüsse, die der Staat auf die eingezahlten Beiträge leistet, die der Verbraucher auf einen sogenannten Riester-Vertrag für die Altersvorsorge eingezahlt hat.

Als riesterfähige Verträge gelten z. B. Banksparverträge, Fondssparverträge, aber auch Bausparverträge. Was Bausparverträge sind, wird dir auf den folgenden Seiten erklärt. Die Zuschüsse, die der Staat zahlt, bestehen aus einer Grundzulage und einer Zulage für jedes Kind.

Der Verbraucher kann selbst entscheiden, wie viel Geld auf den Riestervertrag eingezahlt wird. Die Zuschüsse zahlt der Staat jeweils auf den eingezahlten Betrag. Doch es gibt auch einen Höchstbetrag, bis zu dem der Staat maximal die Förderung zahlt. Diese liegt bei maximal vier Prozent des rentenversicherungspflichtigen Vorjahres-Einkommens bis zur maximalen Förderhöchstgrenze von 2 100 Euro pro Jahr.

Förderberechtigt für die Zulagen sind sowohl Pflichtversicherte in der gesetzlichen Rentenversicherung als auch Auszubildende, geringfügig Beschäftigte, Wehr- und Zivildienstleistende, Beamte und andere. Aufgrund der hohen Zulagen ist ein Riester-Vertrag bzw. die Riester-Rente besonders für kinderreiche Familien sowie Bezieher kleinerer und mittlerer Einkommen lohnenswert.

In jedem Fall müssen mindestens 60 Euro pro Jahr in die Riester-Vorsorge fließen, um eine Förderung zu erhalten. Über das eingezahlte Geld mit den Prämien kann jedoch erst mit dem Rentenbeginn verfügt werden (Ausnahmen bestehen).

Zulagen für die Riester-Rente:

Staatliche Förderung/Zulagen für die Riester-Rente	
max. Grundzulage für Alleinstehende	154 Euro pro Jahr
max. Grundzulage für Ehepaare	308 Euro pro Jahr
max. Zulage für jedes Kind (geb. vor dem 01.01.2008)	185 Euro pro Jahr
max. Zulage für jedes Kind (geb. ab dem 01.01.2008)	300 Euro pro Jahr

Beispiel: Berechnung der staatlichen Riester-Förderung
Barbara verdient als Angestellte im Einzelhandel jährlich 15 000 Euro brutto. Sie ist ledig und hat ein Kind, welches am 15.06.2005 geboren wurde.

1. Berechne, welchen eigenen Betrag Barbara jährlich einzahlen muss, um die maximale Förderung zu erhalten.

Hinweis: Der maximale Eigenbeitrag von Barbara reduziert sich um die Höhe der Zulagen.

Jahreseinkommen Brutto ____________ €

Höhe der zwei Zulagen insgesamt ____________ €

Max. Förderhöchstbetrag ____________ €

Jährliche Einzahlung von Barbara ____________ €

Beim **Bausparen** sparen Personen, die sich in einer Bausparkasse zusammengeschlossen haben. Dabei übernimmt die Bausparkasse die Funktion, die Spargelder „einzusammeln“ und im Gegenzug Bausparkredite an die Bausparer auszugeben.

Ein **Bausparvertrag** wird bei einer Bausparkasse abgeschlossen und hauptsächlich zur Finanzierung von wohnwirtschaftlichen Maßnahmen verwendet.

Dazu wird ein Bausparkonto mit einer vertraglich vereinbarten Bausparsumme bis zu einem bestimmten Betrag, meist 40 Prozent der Bausparsumme, angespart. Für die restlichen 60 Prozent der Bausparsumme kann der Bausparer günstige Finanzierungskonditionen erhalten, sodass bei Bedarf über die volle Bausparsumme verfügt werden kann. Vorausgesetzt, der Bausparvertrag war zuteilungsreif. Das heißt, dass nicht nur die bestimmte Höhe der vereinbarten Bausparsumme eingezahlt worden ist. Es ist auch eine Mindestwartezeit einzuhalten, die in der Regel bei 18 Monaten liegt, bevor ein Darlehensanspruch entsteht.

Bausparen lohnt sich aber auch zum regelmäßigen Sparen, denn der Guthabenzins auf einem Bausparkonto ist häufig höher als auf einem Sparkonto.

Für eigene Leistungen auf einem Bausparkonto zahlt der Staat die sogenannte **Wohnungsbauprämie**. Diese wird unabhängig davon gezahlt, ob der Empfänger der Prämie berufstätig ist oder nicht. Die Wohnungsbauprämie erhalten Personen ab dem 16. Lebensjahr, die mindestens 50 Euro im Jahr auf das Bausparkonto eingezahlt haben.
Und der Staat belohnt dies:

Anlageform	Wie hoch ist die Förderung?	Welcher Betrag wird maximal gefördert?	Bis zu welchem Einkommen gibt es die Zulage?
Wohnungsbauprämie fürs Bausparkonto	8,8 Prozent pro Jahr auf die eingezahlten Beträge, maximal auf den Höchstbetrag.	Gefördert werden maximal 512 Euro pro Jahr bei Alleinstehenden, 1024 Euro bei Verheirateten.	für Alleinstehende: 25 600 Euro zu versteuerndes Einkommen pro Jahr für Verheiratete: 51 200 Euro zu versteuerndes Einkommen pro Jahr

1. Bärbel zahlt monatlich 20 Euro auf ihr Bausparkonto ein. Berechne, wie viel Wohnungsbauprämie sie am Ende des Jahres erhält.

Vermögenswirksame Leistungen, auch VL genannt, sollen dazu verwendet werden, Vermögen aufzubauen. Vermögenswirksame Leistungen sind monatliche Sparbeiträge, die der Arbeitgeber für den Arbeitnehmer direkt in eine spezielle Geldanlage, die die Voraussetzungen für die Förderung mitbringt, einzahlt.

Viele Arbeitgeber zahlen ihren Angestellten, und auch den Auszubildenden, die Vermögenswirksamen Leistungen zusätzlich zu ihrem Gehalt (Arbeitnehmersparzulage). Wie viel VL gezahlt werden, hängt in der Regel vom Ausbildungsberuf ab. Zusätzlich fördert der Staat diese Leistungen durch Prämien. Die Förderung ist abhängig vom Einkommen und davon, in welcher Form die VL angelegt werden. Die Prämie wird jährlich dem VL-Konto gutgeschrieben, sofern sie im Rahmen der Einkommenssteuer beantragt wurde.
Damit du als Arbeitnehmer oder Auszubildender das Geld empfangen kannst, brauchst du einen VL-Sparvertrag, worauf der Arbeitgeber Monat für Monat den Betrag überweisen kann.
Nach einer Sperrfrist von sieben Jahren kannst du über das vom Arbeitgeber eingezahlte Geld plus der Prämien frei verfügen.

Löst du das Konto vor dem Ablauf der siebenjährigen Sperrfrist auf und verwendest das Geld nicht für wohnwirtschaftliche Zwecke (z. B. Renovierungsarbeiten, Kauf eines Hauses), müssen die erhaltenen Prämien an den Staat zurückgezahlt werden.
In den meisten Fällen kann man selbst entscheiden, in welches Anlageprodukt die Vermögenswirksamen Leistungen eingezahlt werden. Bedingung ist jedoch, dass das Geld auf einen speziellen VL-Vertrag fließt, der an bestimmte Voraussetzungen geknüpft ist. Zur Auswahl stehen Banksparpläne, Fondssparen und Bausparverträge.
Ausnahme: Wenn auf die Vermögenswirksamen Leistungen keine staatlichen Zuschüsse gewährt werden, sind bei dem Bausparvertrag auch die VL-Einzahlungen wohnungsbauprämienberechtigt, sofern die genannten Einkommensgrenzen nicht überschritten werden.

Folgende Anlageformen sind möglich:

Anlageform	**Wie hoch ist die Förderung?**	**Welcher Betrag wird maximal gefördert?**	**Bis zu welchem Einkommen gibt es die Zulage?**
Aktienfonds: Der Anleger erwirbt Aktienfondsanteile. Ein Aktienfonds ist ein Topf, in dem viele Anleger ihr Geld einzahlen. Das Geld wird von professionellen Fondsmanagern verwaltet.	20 Prozent pro Jahr auf die eingezahlten Beträge, maximal auf den Höchstbetrag	Gefördert werden max. 400 Euro pro Jahr (Alleinstehende), 800 Euro (Verheiratete).	für Alleinstehende: 20000 Euro zu versteuerndes Einkommen pro Jahr für Verheiratete: 40000 Euro zu versteuerndes Einkommen pro Jahr
Bausparvertrag: Der Anleger schließt einen Bausparvertrag über eine festgelegte Bausparsumme ab und zahlt dort in der Regel monatlich einen Betrag ein.	9 Prozent pro Jahr, maximal auf den Höchstbetrag	Gefördert werden max. 470 Euro pro Jahr (Alleinstehende), 940 Euro (Verheiratete).	für Alleinstehende: 17900 Euro zu versteuerndes Einkommen pro Jahr für Verheiratete: 35800 Euro zu versteuerndes Einkommen pro Jahr

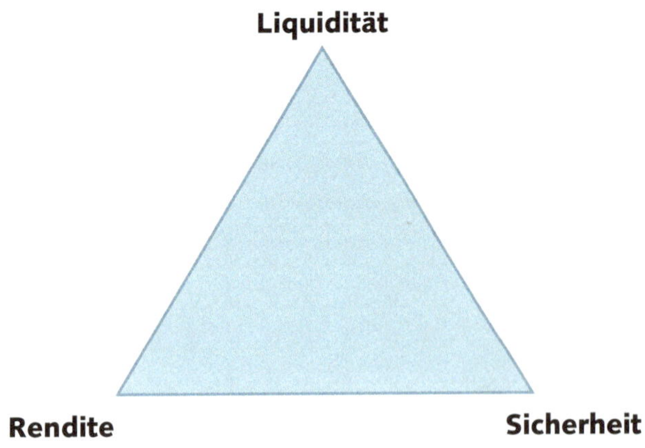

Welche der zuvor genannten Anlageformen und Produkte für den Einzelnen infrage kommen, hängt zum einen von den Sparmotiven ab. Zum anderen sind bei der Wahl der Geldanlage aber noch weitere Punkte zu berücksichtigen, wie die Anlagekriterien Rendite (Ertrag), Sicherheit und Liquidität (Verfügbarkeit). Dieses sind die drei Faktoren der Geldanlage, die folgende Bedeutung haben:

- **Liquidität:** Wie schnell kann ich wieder über mein Geld verfügen?
- **Sicherheit:** Wie sicher ist die Anlage? Wie hoch ist das Risiko, dass ich Geld verlieren kann?
- **Rendite:** Wie hoch ist mein Ertrag? Wie viel Ertrag bringt mir die Anlage des Geldes?

Rendite bezeichnet den finanziellen Erfolg einer Geld- und Vermögensanlage, z. B. Zinsen aus Wertpapieren, Dividendenerträgen, Kurs- und Veräußerungsgewinnen. Die Sicherheit einer Anlage richtet sich nach den Risiken, denen die Anlage unterworfen ist, die zu einem teilweisen oder gar totalen Verlust des Geldes führen können. Liquidität richtet sich nach der Möglichkeit, wie schnell die Anlage wieder in Bargeld umgewandelt werden kann.

Die drei Faktoren sind gegenseitig voneinander abhängig. Sie bilden ein Spannungsfeld (Fläche des Dreiecks), in dem sich jede Geldanlage bewegt.

Höhere Rendite bedeutet: ↑
➔ geringere Liquidität und geringere Sicherheit ↓

Höhere Liquidität bedeutet: ↑
➔ geringere Rendite und geringere Sicherheit ↓

Höhere Sicherheit bedeutet: ↑
➔ geringere Rendite und geringere Liquidität ↓

1. Erkläre mit eigenen Worten den Zusammenhang zwischen Rendite, Sicherheit und Liquidität.

2. Bewerte die folgenden Geldanlageformen anhand der Kriterien Rendite, Sicherheit und Liquidität. Trage die Ergebnisse als Pfeil in die Tabelle ein:

Hoch: ↑ Gering: ↓

Anlageform	Rendite	Sicherheit	Liquidität
Sparkonto			
Sparbriefe			
Aktien			
Investmentfonds			
Bausparen			
Riester-Rente			

3. Um herauszufinden, welche Geldanlage zu dir passt, musst du zunächst feststellen, welcher Anlegertyp du bist. Je nach Persönlichkeit/Wissen über Geldanlagen und Lebenssituation sollte deine Anlage entweder möglichst schnell verfügbar sein, eine hohe Rendite oder eine hohe Sicherheit haben.
Ordne die Begriffe Rendite, Sicherheit und Liquidität so ein, dass du den Punkt, der dir am wichtigsten ist, auf Platz 1 und die übrigen an 2. und 3. Stelle setzt. Begründe deine Zuordnung.

1. Platz

2. Platz

3. Platz

Begründung:

In der Finanzbranche werden in Deutschland relativ hohe Gehälter gezahlt. Wer in diesem Bereich eine Ausbildung machen möchte, sollte sich jedoch nicht von dem hohen Ausbildungsgehalt blenden lassen. Viel wichtiger ist, dass der Ausbildungsberuf Spaß macht.

Es gibt eine Vielzahl von Berufen im Finanzdienstleistungsbereich. Über zwei Ausbildungsberufe sollst du dich nun näher informieren.

1. Recherchiere im Internet unter *http://berufenet.arbeitsagentur.de* nach zwei Ausbildungsberufen deiner Wahl, die aus dem Finanzdienstleistungsbereich stammen, und beantworte dazu die folgenden Fragen. Trage die Ergebnisse in die Tabelle ein.

	Beruf 1:	**Beruf 2:**
Was macht man in dem Beruf hauptsächlich?		
Wo wird gearbeitet?		
Worauf kommt es in dem Ausbildungsberuf an?		
Wie hoch ist der Verdienst in der Ausbildung?		
Welcher Schulabschluss wird erwartet?		
Welche Alternativen gibt es?		
Wie viele Jahre dauert die Ausbildung?		
Besteht die Möglichkeit, die Ausbildungszeit zu verkürzen?		
Raum für eigene Anmerkungen		

2. Recherchiere in Stellenanzeigen einer Tageszeitung, welche weiteren Voraussetzungen neben guten Noten etc. („harte" Qualifikation) noch für einen Ausbildungsplatz oder eine Anstellung in Finanzdienstleistungsunternehmen erwartet werden. Welche „weichen" Qualifikationen („Soft Skills": Kommunikationsstärke, Teamfähigkeit usw.) sind neben den harten Qualifikationen erforderlich?

3. Führe mit einem/r „Bankkaufmann/-frau" oder einem/r „Kaufmann/-frau Versicherungen und Finanzen – Finanzberatung" eine Expertenbefragung durch. Beachte dabei die folgenden Punkte und trage das Ergebnis deiner Befragung in die Tabelle ein.

Punkte für die Expertenbefragung	Ergebnisse der Befragung
Tätigkeit – Aufgaben/Tätigkeiten – Arbeitsumgebung/Arbeitsgegenstände/Arbeitsmittel – Arbeitsbedingungen/Verdienst/Einkommen – Zugang – Beschäftigungs-/Besetzungsalternativen – Spezialisierung – Weiterbildung	
Ausbildung – Ausbildungsinhalte – Lernorte – Ausbildungsbedingungen – Finanzielle Aspekte – Ausbildungsdauer – Ausbildungsform/-aufbau – Ausbildungsabschluss/Prüfungen – Zugangsvoraussetzungen – Wichtige Schulfächer – Perspektiven nach der Ausbildung – Ausbildungsalternativen	
Interessen und Fähigkeiten – Interessen – Fähigkeiten – Arbeitsverhalten	

4. Werte aus, ob die Ergebnisse deiner Expertenbefragung mit den Informationen über den Beruf unter *www.berufenet.de* übereinstimmen.